JN437730

중앙아시아 민족 정체성과 이슬람

중앙아시아 민족 정체성과 이슬람

정세진 지음

초판 1쇄 인쇄 2012년 12월 15일 초판 1쇄 발행 2012년 12월 20일
발행인 임덕호 발행처 한양대학교출판부
주소 133-791 서울 성동구 왕십리로 222 전화 02)2220-1432~4 팩스 02)2220-1435
홈페이지 www.press.hanyang.ac.kr 전자우편 presshy@hanyang.ac.kr
출판등록 제4-7호(1972년 2월 29일) 인쇄처 금풍문화사

ISBN 978-89-7218-422-5 93300

중앙아시아 민족 정체성과 이슬람

정세진 지음

한양대학교출판부

중앙아시아는 동쪽으로는 중국에 접해있으며, 서쪽으로는 카스피해에 면해있고, 북쪽으로는 러시아 남부의 스텝지역, 남쪽으로는 아프가니스탄, 파키스탄 등과 인접해 있는 지역이다. 일반적으로 규정되는 중앙아시아는 카자흐스탄, 우즈베키스탄, 키르기스스탄, 투르크메니스탄, 타지키스탄 등 소연방 5개 공화국과 중국 서부 신강 성을 중심으로 한 투르크계 위구르족 거주 지역, 몽골리아 등을 포함한다. 본 저서에서는 과거 소연방 5개 공화국을 중앙아시아로 정의하는 것으로 한다. 역사적으로는 실크로드의 유목사가 전개되었던 지역이 중앙아시아이다. 기본적으로 이 지역은 투르크 문화권이다. 유일한 페르시아 문화권을 가진 곳이 타지키스탄이다. 중앙아시아는 실크로드의 핵심지역이었다. 과거 문명의 중심지가 중앙아시아이며, 조로아스터교, 불교, 이슬람교 등 다양한 종교가 공존하는 지역이었다. 지금은 대부분 이슬람을 믿고 있다.

본서는 실크로드의 위대한 역사가 진행되었던 중앙아시아가 대한민국과 매우 밀접한 관련을 맺으며, 같은 알타이문화권으로 상호간에 매우 중요한 파트너라는 인식하에서 그 중요성을 강조하고자 한다. 중앙아시아는 향후 대한민국과의 정치적, 경제적, 문화적 유대를 가지는 데 매우 중요한 국가들이다.

중앙아시아의 가장 기본적 특성은 투르크 문화이다. 알타이 계통의 투르크족 문화는 전통적으로 아시아 문화에 속한다. 중앙아시아 5개국은 전통적인 농업사회와 유목사회의 형태를 가지고 있었다. 정착문화로 대표되는 문화권은 농업을 주산업으로 하는 국가들이며, 중앙아시아를 가로지르는 아무다리야 강에서 가까운 지역에서 농업사회가 유지되었다. 아무다리야와 상대적으로 먼 지역은 카자흐스탄처럼 유목문화가 오랜 시간 진행되었다. 정착민족의 대표적인 국가는 우즈베키스탄과 투르크메니스탄, 타지키스탄 등이며, 유목민족의 대표적인 국가가 카자흐스탄과 키르기스스탄이다.

중앙아시아 민족성은 자연적이며 친화적이고 지방적이다. 오아시스정주민과 초원, 산간 목지의 유목민이라는 전혀 다른 두 유형의 사람들이 예로부터 중앙아시아의 주민들이었으며, 근대 이전의 중앙아시아 역사는 이들 두 부류의 사람들 사이에 형성된 긴밀한 관계를 중심으로 전개되었다. 타지키스탄이 유일한 페르시아문화권에 속하지만, 이 나라도 완전한 형태의 페르시아문화권 국가는 아니다. 과거의 우즈베크 칸이라는 연합 공동체 안에서 우즈베크 민족과 타지크 민족들은 오랜 기간 같은 지역에서 거주하며 살아갔기 때문이다.

이러한 점에 착안하여, 본서가 가장 중점적으로 분석하는 내용은 중앙아시아 민족 정체성과 이슬람이다. 민족 정체성은 중앙아시아가 1991년 독립 이후 국가건설을 서두르면서 매우 강조했던 부분이다. 소비에트의 유산에서 벗어나 중앙아시아가 자주권을 가지는 국가로서 민족 정체성은 매우 중요한 국가발전 요소이다.

중앙아시아의 민족 정체성과 민족주의에는 공통적인 관점이 있다. 중앙아시아의 현(現)정치 지도자는 과거 소연방시절 공산당 출신이고 독립이후에도 소비에트식 권위주의로 국가를 통치하고 있다. 러시아와 소비에트 체제의 역사적, 정치적 전통은 권위주의 체제였다. 중앙아시아의 민족 정체성은 국가 건설의 과정에서 정치 지도자들의 권위주의를 강화하는 방식으로 진행되었다. 그러므로 이 지역의 민족 정체성은 민족주의와 권위주의의 상호 관계를 통해 잘 파악될 수 있다. 중앙아시아는 기본적으로 이슬람 등 종교적 가치, 투르크성의 민족 주체성의 전통 문화, 정주 문화와 유목 문화의 다양성이 존재하는 지역이다. 중앙아시아 각국에는 유사한 민족 정체성의 특성도 지니고 있지만, 국가 발전 경로는 다른 방식으로 나타나고 있다. 중앙아시아에는 공통의 문화적 유산이 존재한다. 그러나 이들 국가들을 일률적 잣대로 해석할 수 없는 이유는 이슬람과 투르크성이라는 중앙아시아 특유의 공유된 문화성이 있지만, 역사적으로 몽골과 러시아라는 거대 제국의 지배적인 문화 영향력이 여전히 잔존하고 있기 때문이다.

중앙아시아 민족 정체성의 결정적 요소는 이슬람이다. 이슬람은 중앙아시아인들에게 삶이며, 문명이다. 이슬람 원리주의의 영향력이 있기 전에 중앙아시아 이슬람은 생활 이슬람으로 명명되었다. 지금도 제례의식을 숭상하는 생활이슬람적인 측면이 매우 강하다. 본서는 생활 이슬람보다는 포스트소비에트 시기의 이슬람 원리주의의 다양한 특성에 더 중점을 두고 분석하고자 한다. 이슬람 원리주의를 분석함으로써, 기본적으로 중앙아시아의 전통적 이슬람에 대한 이해가 더 깊게 이루어질 수 있다. 즉 중앙아시아에서는 이슬람이 전통적으로 생활이슬람으로 정착되어 온 것이지, 이슬람 원리주의와 같은 급진적, 군사적 이슬람의 영향력은 그리 크지 않았다. 그러나 포스트소비에트 시기에 이슬람 원리주의가 강력히 부상했던 것이다.

중앙아시아 지도자들은 자신들의 통치를 원활히 하기 위한 목적으로 이슬람을 민족주의의 수단으로 이용하고 있다. 그들은 타지키스탄 내전을 통해 우즈베키스탄과 타지키스탄에 출현했던 이슬람 원리주의를 강하게 탄압하였지만, 이슬람이 중앙아시아 거주민들의 가장 기초적인 종교요, 삶이었기 때문에 포스트소비에트 시기에 이슬람 부흥에 심혈을 기울였다. 즉 신학교 개설, 이슬람 모스크의 대폭적인 확충 등 국민들의 의식을 하나로 묶기 위해서 이슬람을 정략적으로 이용하고 있다. 본서는 이러한 차원에서 중앙아시아 이슬람의 역사, 원리주의 등을 규명함으로써 중앙아시아 사회에 대한 총체적인 이해를 가질 것이다.

중앙아시아는 지정학적으로 러시아와 서방이 대외정책과 에너지 부분 등에서 치열한 경쟁을 벌이고 있는 전략적 공간이다. 러시아는 여전히 과거 소비에트 공간인 이 지역에 일정한 영향력을 가지기 위해서 SCO(상하이협력기구)와 CSTO(집단안보조약)와 같은 강력한 다자협력기구를 주도하고 있다. 미국 등 서방국가에도 아프가니스탄에 대한 정치적 지배력을 가지기 위해 중앙아시아가 매우 중요한 전략적 지대에 속한다. 중앙아시아의 지정학적 상황도 매우 중요하므로 본서에서는 제1장을 할애해, 이에 대해 언급하게 될 것이다.

중앙아시아 지역의 민족 정체성과 이슬람의 본질을 연구하는 것은 현실적, 실용적 가치를 담보하고 있다고 판단된다. 중앙아시아 정체성과 이슬람을 연구하는 작업은 유라시아 공간의 재편이 이루어지고 있는 오늘날의 포스트소비에트 공간의 미래를 예측할 수 있다는 점에서 매우 필수적이다. 중앙아시아는 아시아와 유럽의 '지정학적 요충지'로 부상하고 있으며, 석유와 천연가스 등 에너지자원의 보고로 국제사회에서 가장 주목받는 지역 중의 하나이다. 그러므로 본 저서는 현재 세계적 이목을 집중하고 있는 중앙아시아 지역에 대한 역사, 문화, 종교, 정치 등 종합적으로 인문학 및 지역학을 학제적으로 연구하는 내용으로 전개되었다.

본서를 준비하는 데 여러 사람의 도움이 있었지만 한양대학교 출판부에서 책임을 맡아 출간을 해준 것에 대해 깊은 감사를 드린다.

2012년 12월
행당동 연구실에서
정세진

...... 차례

제2부 중앙아시아 이슬람

일러두기

이 책에 수록된 글들은 대부분 일차적으로 국내 학술지에 게재되었으며 본 저서는 이를 중심으로 내용을 보충하고 재구성하여 완성되었음을 밝힌다. 아래와 같이 일괄적으로 출처를 표시한다.

1) 중앙아시아 민족 정체성 및 민족주의 연구 : 포스트소비에트 시기를 중심으로(『국제지역연구』 11-2호, 2007년)
2) 중앙아시아 이슬람과 반러시아 경향 (『중앙아시아연구』 12집, 20007년)
3) 이슬람 원리주의 연구 : 중앙아시아와 중동아랍의 이념적 연관성을 중심으로 (『세계지역연구논총』 26-1, 2008년)
4) 중앙아시아 이슬람 원리주의의 급진적 특성에 대한 연구 : 1991년 독립 이후의 원리주의 단체와 이념적 패러다임(『평화연구』 16-1, 2008년)
5) 러시아와 중앙아시아 - 제국의 지배, 그리고 포스트소비에트 시기의 지정학적 고찰(『쟁점과 연구』 3-2, 2008년)
6) 우즈베크와 카자흐 민족의 문화 유형 담론과 분화 과정 고찰 (『슬라브학보』 24-4, 2009년)

제1부

중앙아시아 민족 정체성

I. 중앙아시아 역사 및 지정학

1. 탈러시아 중앙아시아 공간

일반적으로 규정되는 중앙아시아는 1992년 과거 구소련으로부터 독립한 카자흐스탄, 우즈베키스탄, 키르기스스탄, 투르크메니스탄, 타지키스탄 등 5개 공화국을 일컫는 경우도 있지만, 이 5개의 신생 공화국과 중국 서부 신강성을 중심으로 한 투르크계 위구르족 거주 지역, 몽골리아 등을 광범위하게 포함한다. 본 책에서는 이 5개의 신생공화국을 중앙아시아 공간으로 설정한다.

중앙아시아 국가의 상황은 동일하지 않다. 카자흐스탄은 독립 직전에는 우즈베키스탄보다 더 열약한 국가적 상황에 처해있었지만, 21세기에 접어들어 고유가를 통해 급격한 경제 활황세를 보여주고 있다. 타지키스탄은 독립 이후 발생한 내전의 영향력에서 벗어나지 못하면서 2013년 현재 경제적으로 낙후되고 빈곤한 상황이다. 키르기스스탄도 레몬혁명을 거치면서 국가적 역량을 강화하기 위한 노력을 하고 있지만, 여전히 남북의 지역파벌 간에 균열이 있어 국가적 동력을 하나로 이끌지 못하고 있다. 우즈베키스탄은 안디잔 사태 등으로 국가의 위기 상황을 겪기도 하였지만, 강력한 독재정치를 통해 외면적으로는 안정된 국가정책을 이루어 나가고 있다. 이처럼 중앙아시아 5개국에는 독립 이후 국가건설의 와중에서 다양한 국가적 상황이 나타나고 있다.

1991년에 역사적으로 큰 사건이 일어났다. 그것은 소연방공화국이 해체된 사건이었다. 소련의 붕괴는 제국의 현대적 해체로 해석되었다. 또한 러시아 및 소련에 지배당한 민족들의 측면에서는 마지막으로 존재한 제국으로부터 탈식민지화를 쟁취하였다는 의미성을 가진다.

중앙아시아를 언급할 때에 매우 중요한 민족으로는 페르시아, 몽골 민족 등이 있지만, 19세기 중반 이후 중앙아시아 지역을 차례로 정복한 러시아가 될 것이다. 중앙아시아는 제국의 통치 공간이다. 중앙아시아를 이해할 때 현실적으로 가장 중요한 역사적 시기는 러시아 제국이 통치한 기간과 1917년 볼셰비키 혁명 이후 소련의 통치가 될 수 있겠다.

제국 공간으로서의 중앙아시아

제국은 어떠한 의미를 가지고 있는 것인가? 마이클 도일은 “제국은 한 국가가 다른 정치적 사회에 대해 효과적으로 정치적 주권을 통제하는 공식적, 혹은 비공식적 관계”[1]라고 언급하였다. 이 정의는 매우 유명한 표현이다. 이는 러시아와 소비에트 연방이 다른 민족들을 지배한 유형과 유사하거나 동일하다. 포스트소비에트 공간에 속한 국가들에게 러시아는 역사적이고 정치적 유산으로 여전히 남아있다. 중앙아시아의 권위주의 정권은 민족 정체성을 강화하고 자신들의 정권적 기반을 강화하기 위해 민족주의를 강조하였는데, 러시아의 유산을 극복하고자 하는 국가 정책이 포스트소비에트 시기에 매우 중요하였다. 중앙아시아가 5개국으로 구분된 것은 20

세기 들어 소연방에 의해서였으며, 제정러시아와 소비에트의 통치 동안에 정치적, 문화적으로 중앙아시아 거주민들이 가지고 있었던 공동의 연대 의식과 일체성, 그리고 공동체 정신 등의 민족적 특성은 소비에트 정권에 의해 의도적으로 억제되었다.

러시아에 있어 아시아는 제국 공간이다. 즉 제국의 대상이다. 타라스 쿠지오에 따르면, 러시아 및 소비에트의 제국주의 정책은 아일랜드, 아프리카, 그리고 아시아에서 행해진 기타 제국주의 국가들의 형태와 유사하다. 그는 포스트소비에트 시기 공간의 신생독립국들은 제국주의 유산을 탈피하기 위한 민족건설과 국가건설 정책을 시행하였고, 이는 앞으로도 지속적으로 이루어질 가능성이 높다고 강조하였다.[2] 포스트소비에트 시기에 중앙아시아 국가 정책도 동일하다. 중앙아시아에서 제국의 지배는 제국주의의 역사적 유산과 밀접히 연결되어있으며, 이러한 특성은 결과적으로 포스트소비에트 시기에 중앙아시아 국가들의 지정학적 전략에 영향을 미치게 되었던 것이다. 그러므로 중앙아시아의 정치 지도자들은 제국주의 유산으로부터의 탈피를 국가정책의 핵심으로 설정하였다.

어떤 이유이든지 간에 식민지를 개척하는 제국주의 국가들은 피지배 국가들, 즉 주변부 민족들의 역사의 기억이나 국가적 전통성을 부정하는 경향을 보인다. 식민지 지배 체제가 존재하였기 때문에 주변부 민족들은 자유를 쟁취하고자 노력하거나 민족 신화를 도입한다. 즉 모든 국가들은 제국에 지배당한 역사의 기억을 지우기 위해 민족의 역사, 신화, 전설을 강조하고 있다. 예를 들면, 우즈베키스탄이 민족의 영웅으로 내세우는 인물은 과거의 우즈베크 민족의 전설적 작가인 '나보이'이다. 베네딕트 앤더슨의 '상상의 공동체'에서 적시하듯이, 민족은 본래적으로 제한되고 주권을 가진 것으로 상상되는 정치공동체이다.[3] 그러므로 중앙아시아 독립 이후의 민족 건설과 국가건설의 과정은 민족적으로나 정치적으로도 상상된 민족 공동체가 형성되고 이루어진 토대와 역사의식 속에 배태되어있다. 중앙아시아는 근대 이후에 상상의 공동체로 인식되었다. 중앙아시아는 소비에트가 지배함으로써 근대적 민족의식이 싹튼 지역이라는 인상이 현재까지도 강하게 남아있는데, 상상의 공동체 공간으로 본다면, 중앙아시아 민족들은 창조되었다. 즉 우즈베크 민족, 카자흐 민족의 기원을 원시주의 관점에서 파악하는 관점도 있지만, 소비에트에 의해 인위적으로 창조된 민족으로서의 개념으로 받아들여야 하는 주장도 설득력이 있다.

중앙아시아는 러시아와 사회적, 문화적인 동질성을 역사적으로 공유하고 있지 않다. 그러나 정치적으로는 슬라브 민족이 주축이 된 소비에트 체제를 70년간이나 경험하였다. 19세기 이후로 제정 러시아의 지배에 대항해 중앙아시아는 민족적, 종교적인 단일성 요

러시아와 중앙아시아 지리적 개관

소로 이에 맞서고자 했지만, 제국주의 식민 정책과 공산주의 체제에 예속되었다. 그렇다면, 강력한 제국에 투쟁하기 위한 약소민족들의 저항적 요소는 무엇을 담보하고 있으며, 어떠한 형태로 전개되는지를 종합적 차원에서 역사적으로 규명하는 일은 매우 중요한 학문적 과제에 속한다고 할 수 있겠다. 중앙아시아는 문화의 영역에서 러시아와 이질적 요소를 보여준다.

2. 중앙아시아와 러시아제국

러시아는 19세기에 중앙아시아를 정복하였다. 러시아의 중앙아시아 정복의 역사는 크게 2개의 시기로 구분된다.

첫째, 1731－1854년 기간으로 현재의 카자흐스탄과 키르기스스탄 스텝 지역이 러시아제국에 합병당한 시기이다.[4] 러시아인들은 우즈베크 민족그룹을 정복하기 이전에 먼저 이 지역 민족들에 대한 지배력을 강화하였다. 이 시기가 러시아의 중앙아시아 지역에 대한 팽창, 즉 최초의 제국적 형태의 틀이 갖추어지면서, 중앙아시아에 대한 제국 확장의 전조 조짐이 보이기 시작했던 때이다. 러시아의 제국주의 팽창을 저지하기 위해 부하라 칸국, 히바 칸국, 코칸드 칸국 등은 당시까지 봉건 영주들에 특혜를 주던 정책을 전환함으로써, 국가 재정수입의 근대화를 형성하였다.

러시아의 중앙아시아 정복의 두 번째 시기는 롤란드 로버트손(Roland Robertson)이 언급한 세계화의 상승('take off') 국면이라고 부른 기간과 겹치는데,[5] 러시아는 1865년과 1881년 사이에 강력한 3개 칸국을 정복했다. 중앙아시아에서 이 3개의 칸국은 매우 중요한 국가적 기능을 가지고 있었는데, 초기에는 러시아의 보호국으로 자치권을 가질 수 있었다. 러시아의 제국주의 요소, 즉 러시아 이주자와 엘리트들이 전파한 유럽적 이념을 흡수한 중앙아시아 칸국의 지배엘리트들의 그룹 내에서는 러시아의 팽창에 대한 저항적 민족주의 분위기가 배태되고 있었다. 덧붙여, 유럽과 그 주변부에서 민족주의 운동이 출현하면서, 특히 1890년대 말 이후로 투르크 언어권에서 범-투르크 민족 개념이 전파되기 시작하면서 이러한 경향이 개별적으로 문헌 작업 등을 통해 중앙아시아 지식인들에게 소개되었다.

일반적으로 서구 국가들을 중심으로 하는 제국주의 공간의 핵심지역을 중심부라 칭하고, 그 대칭적 의미로 피지배 국가를 주변부로 간주한다. 근대화와 전통의 형이상학적 갈등은 중앙아시아와 같은 주변부에서 폭력적으로, 불평등하게 전개되었다. 이러한 현상은 러시아제국주의의 지배로 인해 발생했던 측면이 강하다. 중앙아시아에서 근대화와 전통성의 충돌로 지식인들이나 이슬람 사제들은 근절되어갔다. 엘리트들이 통일된 전선을 구축하지 못하였기 때문에 1917년 볼셰비키 혁명 이후 러시아의 내전 기간에 중앙아시아의 다양한 그룹에서 독립을 선포하였음에도 불구하고, 소비에트가 1920년대 초에 중앙아시아를 재차로 정복할 수 있는 토대가 형성되었던 것이다. 러시아는 1917년에 볼셰비키 혁명으로 소비에트 연방에 역사적 자리를 물려주었다. 그리고 소비에트는 중앙아시아에 대한 역사적, 정치적 지배권을 가지게 되었다.

그렇다면 러시아의 아시아 정복에 일반적으로 고려해야 할 사항은 무엇일까? 첫째, 지정학적 이유로써 중앙아시아의 지배권 확립을 위한 제국주의 국가와의 경쟁, 특히 가장 강력한 제국이던 러시아와 영국은 이 지역을 놓고 경쟁하는 관계였다.

둘째, 경제적 이유로 면화 등의 원자재를 확보하는 일이 시급하였다.

셋째, 역사상 해석의 논란은 되고 있지만, 미개한 민족에 대한 문명적 사명과 지배 국가의 문화적 유산을 공여하는 문화의 전달자로서의 제국주의 개념이 매우 크게 부각되었다. 러시아의 제국주의 팽창은 이러한 측면으로 해석될 수 있을 것이다.

19세기 중앙아시아 역사 및 민족 정체성

러시아의 지배에 대한 중앙아시아 거주민들의 역사적 대응도 치열하였다. 중앙아시아의 역사 시기 중 가장 중요한 기간이던 근대 시기의 러시아와 중앙아시아와의 관계가 시작된 것은 19세기 중엽 이후였다. 물론 이전에 러시아가 지금의 카자흐스탄에 군사요새를 건설하여 카자흐스탄에 대한 정치적 영향력을 가졌지만, 19세기 중엽 이후가 러시아가 중앙아시아를 지배해 나간 가장 중요한 역사적 시기가 된다. 러시아가 중앙아시아를 정복하고 지배하는 과정에서 중앙아시아 엘리트들은 '범투르크'(Pan-Turkism) 민족주의를 고양시켰다. '범투르크 민족주의'는 중앙아시아에 알타이문화, 즉 투르크문화를 강력히 도입하자는 운동으로 시작되었다. 1890년대 후반부터 시작된 운동으로 발칸에서 중국까지 광범위하게 퍼져있는 투르크 민족을 하나로 연결하자는 주장이 강력히 대두되었다. 이들은 팜플렛과 신문 등을 통해 범-투르크이즘을 전파하였다. 러시아제국에 대한 반항으로서 중앙아시아 민족들의 주체성을 보존하자는 운동이었다. 그럼에도 불구하고 민족이 주체가 되는 국가를 건설하고자 하는 그들의 시도는 실패했다. 그 이유는 범-투르크주의자들의 인종적·사회적 배경을 지닌 지배 엘리트들은 민족 국가 건설에 진지하게 숙고하였지만, 대다수의 거주민들은 러시아의 제국주의적 지배에 주체성을 가지고 이에 대처하지 못하였다.

중앙아시아의 문화 자강 운동 – 자디드 운동(The Jadid Movement)

19세기 중앙아시아에서는 자디드 운동이라는 엘리트들의 민족자강운동이 일어났다. 자디드 운동은 급진적인 이슬람 개혁세력은 아니었기 때문에 이 운동은 중앙아시아 주민들에게 많은 영향을 끼쳤는데, 볼셰비키 혁명을 거치면서 무력진압으로 거의 사라졌다.[6] 자디드 운동은 기본적으로 이슬람 저항 운동은 아니고 개화된 중앙아시아 지식인들에 의해 이루어진 운동으로 중앙아시아 민중을 위한 개혁적이고 계몽적 성격을 띠었다. 자디드 운동은 엘리트 중심의 근대화 지식운동이었다. 20세기 중앙아시아 엘리트들의 반러시아 경향의 대표적 흐름은 '자디드 운동'으로 대변된다. 이 운동을 전개한 사람들을 '자디드 주의자'라고 한다. 이는 당시 중앙아시아 사회의 총체적 자강 운동이었다. 무엇보다도 이슬람 내부의 개혁과 사상적 정비를 통하여 이슬람이라는 민족 정체성을 굳건하게 정착시키고자 하는 운동이었다. 이 운동의 본질은 청년 무슬림들이 중심이 된 중앙아시아 이슬람 사회의 총체적 개혁이다. 아이러니하게도 자디드 운동은 1905년 러시아에서 제1차 혁명이 일어나던 시점에 시작됐다. 이 운동의 사상적 기반을 제공한 나라는 러시아였다. 일부 러시아학자들이 중앙아시아에 서유럽의 사상과 과학기술을 소개하고 이러한 경향이 일부 지식층 무슬림들에게 영향을 줌으로써 자디드 운동이 실제적으로 발생하였다. 이 운동은 중앙아시아 무슬림들의 민족의식을 자각시키고 1920년대 反소비에트 저항운동으로 발전하면서 도시 거주민을 중심으로 전개되었다. 자디드 운동은 1917년 러시아혁명 이후 소비에트 체제 출범 이후까지 지속되었다.

중앙아시아 인텔리를 중심으로 이루어진 자디드 운동은 중앙아시아의 민족적, 종교적 정체성을 보존하기 위한 운동이었다. 이 운동은 종교 개혁, 국가 정체성, 신식 교육, 과학 기술에 대한 연구 등을 주장하였는데, 이를 反러시아 민족 운동으로 규정한 볼셰비키 정부에 의해 탄압을 받았다.

1917년 볼셰비키 혁명과 중앙아시아

1917년 혁명 이후에 볼셰비키들은 제정러시아 시기 이후의 전형적인 러시아적전통으로서 비러시아인들에 대한 우월감을 여전히 가지고 있었다. 러시아는 19세기 중반기에 중앙아시아를 정복하였고, 러시아제국이라는 우월적인 정신적 의식을 여전히 가지고 있었다. 소연방은 볼셰비키혁명 이후 공산주의를 수출하기 위해서 과거 러시아 제국의 영토를 필요로 하였다. 소비에트 체제의 통합 이후에 볼셰비키 정책은 USSR(소비에트 사회주의 공화국 연방)이라는 단일한 구성 체계 이외의 어떠한 민족성이나 종교조차도 '소비에트 인간형'의 창조에 초점을 맞추어 해석되었다. 즉 가장 최우선 목표는 단일한 중앙집권적 정부의 창출이었다. 소연방 시기에 종교적 활동, 무슬림들의 민족 운동 등도 소비에트의 강력한 통합 체제와 억압적 프로그램에 의해 제지를 받았는데, 중앙아시아에서 소비에트 정책의 핵심은 러시아화를 정착시키는 일이었다. 즉 러시아의 우수성이 강조되고 이를 통한 중앙정부의 안정적 정착이 시급하였는데, 이로 말미암아 중앙아시아는 정치적, 경제적으로 중앙 권력에 종속되었다.

1990년대 러시아와 중앙아시아

1991년 중앙아시아가 소연방으로부터 독립한 이후 점진적으로 러시아 인구는 중앙아시아에서 감소되기 시작했다. 한때 카자흐 민족보다도 러시아인들은 카자흐스탄에서 더 많이 거주하였다. 그러나 이제 중앙아시아에서 러시아인은 소수민족이다. 중앙아시아에서 러시아인의 비율이 가장 높은 국가는 카자흐스탄이며, 러시아인의 비율은 전체 인구의 25% 정도로 다른 공화국에 비해 월등히 많은 숫자이다. 이제 러시아인들은 모든 국가에서 소수민족으로 보호받아야 할 정도로 인구 구성 비율이 크게 바뀌기 시작했다. 지정학적으로도 중앙아시아는 에너지 자원으로 매우 중요한 전략적 지대에 속한다. 카스피해 에너지 자원의 중요성은 매우 크며, 중앙아시아는 '사활적 관심 지역'(zone of its vital interests)이다.[7]

1989년 소연방 마지막 인구센서스에 따르면, 당시 러시아연방이 아닌 지역에 분포하고 있는 러시아인들은 약 2,500만 명 정도였다. 카자흐스탄에 630만 명, 우즈베키스탄에 160만 명이 거주하였다. 중앙아시아에서 러시아 인은 대체적으로 도시민이었고, 산업화된 지역에 거주하며, 대부분 행정 비즈니스에 종사하는 직업을 가졌다. 독립 이후 러시아인들은 러시아연방으로 재이주하기 시작했다. 그 이유는 소연방 시절에 자행된 폭력적인 사건으로 중앙아시아 국민들의 반러시아 정서가 있었고, 정치, 사회 그리고 문화 영역에서 현지인 위주의 고용과 현지인 위주의 행정 정책이 중앙아시아 정부에 의해 실제적으로 행해졌기 때문이었다. 러시아인의 재이주는 경제적인 동기가 결정적이었다. 독립 이후 많은 산업 공장들은 가동을 멈추었다. 숙련된 기술자들인 러시아 노동자들은 중앙아시아정부가 추진하는 핵심 사업에서 더 이상 중추적인 역할을 가지지 못했다.

1990년대 초 중앙아시아 국가들이 친서방 위주의 국가정책으로 방향을 전환했던 이유는 러시아의 영향력으로부터 벗어나고자 했기 때문이다.

러시아는 1990년대 중반 이후에서야 중앙아시아에 최우선적인 외교 정책을 추진하였다.[8] 러시아의 외교 정책은 여러 번 중요한 시기를 거쳤지만, 1990년대 중반 이후 실용적인 외교 정책이 추진되었다. 1990년대 독립 초기에는 러시아는 이 지역에 외교적 전략을 강하게 가지지 못하였다. 상대적으로 미국 등 서방 국가들이 우즈베키스탄, 카자흐스탄, 키르기스스탄에 매우 공격적인 외교 전략을 가동함으로써, 러시아는 중앙아시아에 대한 과거의 지배력을 가지지 못하였다. 그러나 2012년 현재 푸틴 정부 하에서 중앙아시아는 러시아의 매우 중요한 외교 파트너가 되고 있다.

3. 현대 중앙아시아의 지정학과 정치 문화

러시아는 중앙아시아를 19세기 중반기 이후에 지배했고, 이는 중앙아시아 사회가 러시아로부터 일정한 역사적 유산을 물려받았다는 사실을 증거 한다. 독립 이후 중앙아시아는 러시아 및 소비에트의 유산으로부터 벗어나는 정책을 추진하였다. 정치 지도자들은 과거 구 공산권 출신들로서 독립 이후에도 정치적 권력을 유지하였다. 독립을 쟁취하고 난 이후 중앙아시아에서는 새로운 사회문화적 변동이 이루어졌다. 지도자들은 소련의 유산인 권위주의 정책을 추진하였다. 그리고 이슬람 원리주의에는 강력히 대처하면서 자신들의 정권을 결속하였다.

중앙아시아 문화의 특성

중앙아시아의 전체적 역사 과정을 간단히 기술한다면 다음과 같다.

첫째, 이슬람 이전 시대는 아리안 시대이다. 기원전 5000년경부터 기원전 7세기경까지의 기나긴 선사시대와 그 이후부터 기원후 9, 10세기경까지의 역사시대이다. 둘째, 투르크 이슬람 시대로 기원후 9, 10세기부터 18, 19세기에 이르는 1,000년간이다. 셋째, 근현대 시기로 러시아와 청에 의한 중앙아시아 지배 기간이다.[9)]

중앙아시아는 역사적, 지역적으로 투르크-몽골의 전통적 문화에 속하는 지역이다. 13세기에 가장 강력한 정치적 실체는 몽골 제국이었다. 이 제국을 통해 칭기즈 국가의 통치 이데올로기가 탄생하였다. 다른 노마드 국가들처럼 칭기즈 칸(Khan)도 군사력, 외교력, 강력한 카리스마로 국가를 통치했다. 몽골제국이 13세기 이후 이 지역을 통치했다. '칭기즈 칸'은 몽골제국의 가장 근본적이고 기초적인 역사적 유산이었다.

중앙아시아는 정치적 특성에서 보면, 몽골의 역사적 계승이 이루어지고 있는 문화군에 속한다. 언어 부분에 있어서는 타지키스탄을 제외하고 대부분 투르크어권에 속한다. 타지키스탄은 페르시아 문화권으로서 페르시아어 계통에 속한다. 중앙아시아는 공통적인 몽골 유산을 지니고 있어, 상호 간에 전통적으로 동질한 문화권이며, 통합적 문화를 소유하고 있다. 즉 중앙아시아는 몽골의 정치적 유산을 가지고 있으면서도 유목민족의 제국사가 펼쳐진 공간이며, 러시아제국의 지배를 공통적으로 받았다. 이 지역의 역사, 민족, 사회 정체성은 중앙아시아의 전체 문화 속에 통합되어 있다.[10)]

카자흐스탄 아스타나 스탈린양식 신식 아파트 – 〈필자 촬영〉

중앙아시아 지도자들의 권위주의와 민주주의

1991년 소연방의 붕괴로 중앙아시아 정치 지도자들은 과거 소련 체제의 정치적 적자로서 비교적 빠른 시간 내에 권력을 차지했다. 중앙아시아 지도자들은 소련식 사회주의의 전수자요, 한때는 열렬한 공산주의의 주창자요, 소련식 권위주의로 정치적 지배를 이룬 사람들이다. '아드리안 트레처'는 우즈베키스탄과 투르크메니스탄은 '경성 권위주의', 키르기스스탄과 카자흐스탄은 '연성 권위주의' 정치 형태를 보인다고 말하고 있다.[11] 전자의 2개 국가는 민주주의를 적극 도입하지 않는 대표적 독재 국가이기 때문에 명명한 것이고 후자의 2개 국가는 비교적 외국의 자본을 적극적으로 유치하거나 개방적 국가 시스템을 보이고 있기 때문으로 풀이된다. 즉 경성 권위주의 국가는 매우 강력한 대통령의 독재적 정치가 이루어지고, 연성 권위주의 국가는 민주주의적 정치 질서를 나름대로 도입하고 있는 국가이다. 그러나 최근에 들어와서는 카자흐스탄도 독재 체제가 완벽히 구축된 경성 권위주의 국가로 분류되기도 한다.

권위주의 체제를 유지하기 위해서 지도자들은 민족 정체성의 강화로 문화적, 의식적, 전통적, 종교적 특성을 강조하였다. 한 국가의 민족 정책과 더불어 민주주의에 대한 다양한 차이점을 알아나가는 것이 민족주의를 이해하는 데 매우 중요하다. 특별히 이를 위해 중앙아시아가 독립한 이후에 취한 일련의 민족 정체성, 민족성 강화 정책이나 흐름에 대해 직시할 필요가 있다.[12] 왜냐하면 대부분 중앙아시아 각국은 자신들의 허약한 민주주의 체제를 보완하기 위해서, 혹은 감추기 위해 의도적으로 민족주의를 확대 재생산하는 측면이 있기 때문이다. 언어정책이나 상징적인 인물, 영웅, 그리고 역사 바로 세우기 등이 이에 속한다. 우즈베키스탄과 타지키스탄공화국은 농촌사회 중심의 정착 민족적 생활 관습을 소유하고 있는 국가이며, 카자흐스탄, 키르기스스탄, 투르크메니스탄은 전통적인 유목 문화의 형태로 중앙아시아 사회는 크게 2개의 문화적 형태 범위로 나눌 수 있다.

중앙아시아의 종교적 다원성과 개방성

연성 권위주의 국가에서는 종교적 다원성의 특징이 있다. 포스트소비에트 시기에 중앙아시아에서는 다원주의적 특징이 나타났다. 우즈베키스탄에서는 정치적, 종교적으로 독립적인 사회기관들이 발전할 수 있는 기회가 원천적으로 봉쇄되었다. 이 나라에서는 정치적 권위주의가 강조되었다. 이러한 기조 하에 국가 정책이 채택되었다. 정부의 직할 통치에 반대하는 종교 활동이나 사회운동은 정부에 의해 제지되었다.

전통적 유목문화로서 카자흐스탄과 키르기스스탄에서는 우즈베키스탄보다 비교적 종교적 다원성이 더 강하게 나타났다. 독립 초

카자흐스탄 아스타나 소재 타타르 이슬람 사원 전경 – 〈필자 촬영〉

기에 연성 권위주의 국가는 비교적 유연한 정책을 구사하였다. 현존하는 정치 질서에 반대하는 어떤 그룹이라도 국가의 탄압을 받게 되어있다. 그러나 우즈베키스탄이나 타지키스탄과는 달리 카자흐스탄이나 키르기스스탄의 종교 공동체에서는 국가 개입이 상대적으로 적었다. 정치 권력자들은 외국선교사들을 부분적으로만 활동을 제어하였고, 선교활동을 금지하는 정부의 일치된 노력은 없었다.[13)]

종교의 다원주의적 성격은 키르기스스탄에서 보다 더 강하게 나타났는데, 그 이유는 포스트소비에트 시기에 정치적 개방과 경제 개방으로 인해 해외 기독교 선교사들의 활동이 늘어나면서, 다양한 종교 단체의 유입이 중앙아시아 5개국에서도 가장 활발하게 이루어졌기 때문이다. 주요 메이저 종교 그룹은 이슬람, 러시아정교, 루터파 기독교와 침례교, 기독교 오순절 교단, 그리고 기독교계에 의해 이단으로 규정된 여호와의 증인 등이다. 소연방 해체 직전인 1991년에 키르기스스탄공화국 의회는 종교 단체 법률을 제정하였다. 이 법률은 1990년의 소비에트 종교법에 근거해 입법되었다. 소비에트 시기의 종교법은 종교와 국가의 분리를 인정했는데, 모든 종교 공동체에 동등한 권리가 부여되었다. 비록 종교 단체의 법적 등록 과정이 사법적 인정을 받도록 되어있지만, 법률적 해석에 책임이 있는 사법부는 이를 광범위하게 정규절차로 다루고 등록을 원하는 종교 단체를 호의적으로 수용하는 입장이었다. 이러한 법률적 틀 안에서 다양하고 광범위한 종교 단체가 급속도로 증가되었다.

이러한 상황에서 가장 긍정적 이익을 받은 종교 단체는 전통적 성격을 가지는 이슬람이었다. 이슬람은 가장 오랜 전통성을 유지하고 있었던 종교였는데, 이슬람 모스크, 이슬람 신학교인 마드라사, 각종 이슬람 센터 등이 포스트소비에트 기간 동안에 급속도로 늘어났다. 이슬람 다음으로 민족적 커넥션을 가진 기독교 교회들, 특별히 러시아어를 모국어로 하는 러시아인들을 대상으로 하는 러시아 정교도 부흥하였다. 이외에 급속히 감소하고 있던 독일계 사람들을 위한 루터파 교회 등이 있었다. 그리고 기독교 내의 종파인 침례교는 1990년대 말에 40여 개의 신앙 공동체를 가지고 있었다. 이는 키르기스스탄에서 3번째로 큰 종교 단체에 속했다. 그리고 기독교계에 의해 이단으로 규정된 제7일 안식교(the Seventh Day Adventists)가 있다. 이 단체도 급속도로 세력을 확장하였는데, 수도인 비쉬케크에 메디컬 센터를 건립하였다. 이들 종교 단체는 해외 단체들의 원조를 통해 종교 활동을 유지할 수 있었다. 키르기스스탄에서는 전통적 연결고리가 없던 종교 단체도 조직화되었고, 선교 활동이 강화되었다. 카자흐스탄에서는 종교적 자유를 보장할 책임이 있었다. 그러나 이슬람 종교기관조차도 법적 규율을 반드시 준수하도록 되어있다. 대체적으로 연성 권위주의 국가에서는 경성 권위주의 국가에서 주로 나타나는 정부기구와 이슬람 원리주의 단체와의 대립은 크게 나타나지 않고 있는 편이다.

중앙아시아의 종교성 – 이슬람 부활과 급진적 이슬람 원리주의

1991년 소련의 해체로 중앙아시아 지도자들은 종교 문제를 우선적으로 언급하거나 문제를 해결하고자 했는데, 이는 결국 자신들의 정권적 기반을 공고히 해야 한다는 권력 의식과 매우 밀접하게 이루어졌다. 정치지도자들은 자국 내에서 무슬림들을 어떻게 대해야 하는지를 놓고 정치적 딜레마에 직면했다. 이슬람 원리주의가 출현했기 때문이다. 지도자들은 자신들의 정권적 정당성, 혹은 합법성(legitimacy)을 국민들에게 인식시키는 일이 필요했다. 이를 위해 그들은 이슬람 세계(Islamic World)와 근접된 거리에서 상호 관계를 유지하는 것이 통치 질서에 매우 유리하다는 생각을 가졌다. 하지만 기본적으로 이들은 이슬람이 정치적, 통치적 영역에서 자신들의 기반을 잠식할 가능성을 매우 경계하였다. 특히 우즈베키스탄이나 타지키스탄에서 정치지도자들은 이슬람의 정치적 영향력이 국민들에게 전파되지 못하도록 노력하였고, 그것은 2012년 현재까지도 마찬가지다. 정치지도자들이 중점적으로 강조한 부분은 전통적 이슬람의 부흥이었다. 종교 축제일은 국가 공휴일로 지정되었다. 이것은 중앙아시아 정부가 종교, 특히 이슬람을 국가적 축제로 승화시킴과 동시에 이를 통해 국민들의 의식에 전통성과 민족성을 강조함으로써 정치적 통치가 원활히 이루어지도록 하는 통치 방식이었다. 이슬람 원리주의 출현으로 정부는 원리주의 단체들에 대한 탄압 정책을 강구하였다. 이슬람 원리주의는 중앙아시아 정치지도자들의 국가 건설 및 민족 정체성 확립에 가변적 요소로 작용하면서, 국내 정치의 일반적 상황의 변수로 기능하였다. 소련 해체 이후 이슬람

카자흐스탄 아스타나 이슬람 사원 – 〈필자 촬영〉

원리주의는 중앙아시아의 강력한 이념적 요소로 국민들의 의식 속에 상당한 영향을 미쳤다.

4. 중앙아시아의 대외관계

독립 이후 중앙아시아의 지전략적 상황

카자흐스탄에서 발생했던 하나의 사건을 통해 독립 이후의 중앙아시아의 지정학 상황을 이해하도록 하자. 카자흐스탄은 1996년 독립 기념 5주년에 즈음, 소연방에 반대하여 궐기한 1986년 알마티 봉기 사건을 민족국가로서의 새로운 신화로 간주하였다. 독립기념일인 12월 12일은 바로 이 봉기를 기념하여 제정되었다. 카자흐스탄 대통령은 카자흐역사와 신화의 재건을 선포했다. 그의 말에 따르면, "이 봉기는 소비에트 제국에 반대하여 일어난 항거"라는 것이다. 그는 "정신이 민족으로 축적되었다."라고 강조하였다.[14] 1731년과 1740년에 카자흐스탄은 러시아와 상호 조약을 맺었는데, 그 협정은 잠정적인 동맹이고 자발적으로 러시아에 복속된 것이 아니었다는 역사적 재평가가 제기되었다. 이는 1654년 페레야슬라브 조약에 대해 러시아와 우크라이나 역사학자들이 자국에 유리한 역사적 재평가를 추진한 것과 유사하다. 카자흐스탄의 예는 최초로 독립을 이룬 민족국가가 어떠한 국가적 발전전략을 채택할 것인지에 대한 하나의 실제적인 사건이 되었다.

중앙아시아가 포스트소비에트 시기에 어떠한 지전략적 벡터를 가지고 러시아와 서방국가 사이에서 국가정책을 채택할 것인지는 매우 중요한 고찰 대상이 된다. 중앙아시아가 속한 유라시아 지역은 지정학적으로 강대국 사이의 패권적 경쟁이 다양한 시나리오로 나타나고 있기 때문이다.[15] 즉 오늘날 중앙아시아의 지정학적 핵심 모티프는 중앙아시아를 둘러싼 러시아와 서방 간의 경쟁적 구조라 할 수 있다. 러시아는 중앙아시아에서 150년을 지배한 제국주의 국가였다. 포스트소비에트 시기에 민족건설과 국가건설의 핵심 주체는 중앙아시아의 각 공화국이며, 중앙아시아의 정치적 현실의 구성인자는 복합성이다. 그것은 서방세력이 중앙아시아에서 전진 배치되고 있다는 현실을 의미한다. 직접적 원인은 무엇보다도 1991년 소련으로부터의 중앙아시아의 독립이었다. 중앙아시아의 문화와 민족, 국가건설, 체제이행, 민주주의, 권위주의 등은 역사적, 정치적 상황의 중점적 논의 대상이다.

독립 이후 강대국과 중앙아시아 각국 간의 다양한 역학 관계를 잘 분석할 때에 향후 이 지역에 펼쳐지는 협력과 연대, 헤게모니 경쟁의 다양한 현상 등이 올바로 조명될 수 있을 것이다. 1991년 소련의 해체로 체제 이행의 격심한 혼란기를 가장 크게 경험한 국가는 러시아연방이다. 1990년대 옐친 대통령 시절에 러시아는 내부적 문제에 직면했었다. 중앙아시아에 대한 모스크바의 정책은 독립 이후 그 진동 폭이 넓었다. 옐친 2기에 들어가 비로소 실용주의 외교 전략이 채택되었다. 이전에는 친서방 정책으로 러시아의 국가적 자존심은 상처를 입었다. 1991년 이후 중앙아시아의 내부 정치와 국제관계의 핵심적 동인은 많은 부분 러시아 외교 정책의 향방에 달려있었다. 소련의 해체로 직접적 정통성을 국제사회로부터 인정받은 러시아의 정치적 딜레마는 1990년대 초반에 매우 심화되어 있었다. 러시아의 독립초기, 옐친 정부의 외교정책은 전적으로 국내 요인에 달려있었다. 독립 이후 활발히 전개되던 자본주의 경제로의 체제이행이라는 러시아 개혁정책의 실행과 그 성공 여부가 러시아정부의 최우선적 국가건설의 핵심이었다.

중앙아시아의 외교

중앙아시아의 외교 관계에 있어서 핵심 국가는 러시아와 미국이었다. 독립 이후 중앙아시아의 외교 정책은 다원주의였다. 즉 친서방과 친러시아 입장이 다양하게 나타났다. 러시아는 중앙아시아에서 SCO(상하이협력기구)를 주도적으로 창설하였다. 그 이유는 서방에 대한 직접적 견제 의식이 작동하였기 때문이다. 러시아는 역사적으로 방어적 성향의 국가성을 소유한 국가이다. 20세기 이전 제정러시아의 제국주의 이념이나 영토 팽창주의적 특성도 방어를 위한 공격적 대응으로 해석할 수도 있다. 소련의 울타리와 우산 아래에서 사회주의 국가로 오랫동안 존속될 것으로 간주된 중앙아시아 국가들의 독립은 매우 급박하게 이루어졌다. 사실상 이는 전혀 예상되지 못한 시대적, 정치적 환경이었다.

그러나 옐친 초기의 친서방 정책으로 러시아는 외교의 전통성을 상실하면서, 중앙아시아에 대한 러시아의 영향력을 서방에 침식당하는 외교적 실수를 범하였다. 러시아의 경제개혁과 정치적 상황이 복잡하게 전개되고 개혁의 실패 조짐이 러시아내부에서 확산되면서 러시아는 중앙아시아에 대한 대외적 역량을 집중할 수 있는 기회를 놓쳤다. 독립 초기에 러시아와 중앙아시아의 국제관계는 매우 느슨하게 진행되었다. 그러나 소연방의 핵심 공화국이던 러시아의 정치적 영향력은 독립 이후에도 포스트소비에트 공간에서 유지되어야 한다는 폭넓은 공감대가 존재하고 있었던 것도 사실이다. 중앙아시아가 유라시아의 핵심 국가라는 사실에 인식의 공감을 이룬 러시아 행정부는 1990년대 중반 옐친 2기에 들어 이 지역에 대한 절대적인 가치를 인식하기 시작했다.

이 시기에 러시아의 외교 정책은 다시 실용주의적 정책으로 환원되면서 유라시아 지역, 즉 과거 소련의 지배력을 받은 국가들에 대한 러시아의 영향력은 일정한 속도로 복원되기 시작했다. 이 정책은 21세기에 들어와 푸틴 시대에 '강한 러시아 건설'이라는 국가이념으로 더 강화되었다. 독립 이후 친서방, 더 직접적으로 친미 정책을 추구하던 우즈베키스탄이 구암(GUUAM)[16]으로부터 전격 탈퇴하게 된 것은 러시아 외교정책의 상징적 사건이 되었다. 우즈베키스탄은 2006년에 이 다자기구에서 탈퇴하고 SCO에 가입하였다. 이는 서방과 러시아간에 중앙아시아의 헤게모니 경쟁이 매우 치열하게 전개되고 있다는 것을 암시하는 사건이었다.

동시에 에너지자원의 세계적인 활황세로 엄청난 경제적 이익을 러시아가 누리게 되면서 중앙아시아의 에너지자원에 대한 헤게모니 경쟁도 지경학적 관점에서 러시아와 서방 간에 치열히 전개되고 있는 형국이다. 독립초기에 카자흐스탄, 키르기스스탄, 우즈베키스탄은 서방과 매우 밀접한 정치적 관계를 형성한 국가들이었다. 타지키스탄은 페르시아문화권으로서 이란과의 역사적, 정치적 관계를 긴밀히 가졌다. 그리고 영세중립국을 강조하는 투르크메니스탄이 미국이나 러시아와 특별하고 밀접한 국제 연대를 선택하지 않은 상황을 감안하더라도, 적어도 소련에서 독립한 3개국의 국제관계 상황은 매우 복잡한 정치적 요소가 작동하였고, 지금도 이러한 상황은 지속되고 있다.

1990년대 러시아-중앙아시아 국제관계

그렇다면, 러시아와 중앙아시아 간에 독립 이후 이루어진 외형적인 연대 혹은 기본적인 쌍무 관계는 어떻게 진행되었는가?

첫째, 중앙아시아는 독립 초기 러시아와 일정한 거리를 두는 정책을 실시했다. 1991년 12월의 러시아, 우크라이나, 벨라루스 간에 체결된 슬라브동맹으로 슬라브 민족의 새로운 동맹 체제가 시작됐다. 중앙아시아는 독립 이후 CIS(독립국가연합)에 참여했다. 그러나 CIS는 정치적, 경제적 통합의 역할을 이루어내지 못했다. CIS 국가들 간에 체결된 협약은 효력을 발생하지 못하고 이 느슨한 조직체는 통합적 기능을 수행하지 못한 측면이 강하였다.

둘째, 러시아와 중앙아시아 간에 동등한 권리로서의 쌍무 연대 관계이다. 다자간 협력기구인 CIS의 한계로 말미암아 양자간 협약이 체결되기 시작했다. 러시아와 양자 관계가 최초로 체결된 국가는 카자흐스탄이었다. 1992년 5월 25일에 모스크바에서 러시아와 카자흐스탄은 광범위한 분야의 조약에 서명하였는데, 연대와 협력,

군사, 전략지역 통합, 군사 기지 사용, 군사 기반시설의 공유 등 명문화된 협정이 체결됐다. 동년 5월 30일에 우즈베키스탄도 양국의 연대와 협력, 국가관계를 규정한 협정을 러시아와 맺었고, 키르기스스탄, 투르크메니스탄, 타지키스탄도 양자관계의 협정에 서명했다. 동시에 양자 관계가 아닌 다자관계가 러시아와 중앙아시아 각국 간에 체결되기 시작했다. 1992년 5월 15일 우즈베키스탄의 타시켄트에서 'CSTO'(집단안보조약)가 체결되었다. 소련 해체 이후 유라시아 지역에 나타난 다원주의 영향으로 친러기구인 SCO와 친서방기구인 GUUAM이 출현하기 이전에 이미 러시아, 카자흐스탄, 키르기스스탄, 타지키스탄, 우즈베키스탄 등은 상호 간에 다자 협력을 맺었다. 그러나 이 집단안보조약은 역설적으로 러시아가 중앙아시아에 일정한 영향력을 잃었다는 것을 의미하는 사건이기도 하였다.

GUUAM 정상회담

셋째, 중앙아시아의 지정학적 중요성인데, 이는 군사적 분야에서 명확하게 나타났다. 소련 시절에 카자흐스탄에는 전략핵무기가 다량 배치되어 있었다. 이 사실은 중앙아시아가 러시아 남부의 군사 방어선으로 매우 중요한 전략적 지대임을 보여주는 하나의 예이다. 러시아의 입장에서 중앙아시아는 러시아남부의 이란, 아프가니스탄, 중국과의 완충지 역할을 하는 지역이다. 중앙아시아가 90년대 초에 러시아에 매우 중요한 변수로 작용한 것은 타지키스탄 내전이었다. 독립 이후 바로 발생한 이 내전으로 중앙아시아는 매우 복잡한 군사적, 정치적 상황을 맞이하였다. 내전의 반군 당사자는 민주주의 세력과 이슬람 원리주의 세력이었다. 급진적 이슬람의 출현으로 중앙아시아의 내부적 불안정성이 심화되었다. 이는 러시아로서는 기회이자 위기였다. 중앙아시아의 정치적 상황은 러시아가 이 지역에 적극적으로 개입할 수 있는 입지를 강화시켜줄 수도 있었기 때문이다.

1990년대 후반 중앙아시아와 러시아의 외교 관계

러시아는 옐친 2기에 들어와서 중앙아시아에 대한 지정학적 관심을 강하게 가지게 되었다. 이 시기에 중앙아시아의 상황은 매우 복잡하게 전개되었다.

첫째, 친서방 다자협력기구인 GUUAM이 출범했다. 우즈베키스탄, 조지아, 아제르바이잔, 몰도바, 우크라이나 등이 이 협정을 맺었다. 독립 이후 중앙아시아에서 가장 큰 영향력을 행사하던 우즈베키스탄이 CSTO 가입을 철회한 것은 큰 정치적 사건이었다. 당시만 해도 우즈베키스탄은 친서방 국가전략을 선택하였다.

둘째, 경제적 요인이다. 카자흐스탄은 강력한 시장개방 정책을 실시하던 중이었다. 이런 상황에서 서방이 에너지자원이라는 전략적 목표를 설정하고 중앙아시아에 적극적으로 진출함으로써 이 지역에 대한 헤게모니 경쟁이 촉발된 측면이 있었다.

셋째, 정치적 민주주의의 이질적 요소이다. 독립 이후 구공산권 출신이 중앙아시아의 정치적 지배자로 등장하면서, 이 지역에는 권위주의의 영향력이 매우 컸다. 즉 권위주의와 민주주의가 동시에 혼재되는 경향이 나타났다. 글리슨(Gleason)은 민주화의 수준이 가장 높은 국가는 카자흐스탄이며, 다음으로는 키르기스스탄, 타지키스탄, 우즈베키스탄이며 가장 민주화가 지체된 국가로 투르크메니스탄을 언급하였다.[17] 중앙아시아 지도자들은 공식적으로 민주주의와 시장경제를 대외적으로 공표하였지만, 실제로는 권위주의 통치 형태를 강하게 보여주었다. 이는 정권의 안정성이라는 측면도 있지만, 2006년 사망한 투르크메니스탄의 니야조프 대통령이나 우즈베키스탄의 카리모프 대통령처럼 독재 권력에 입각한 통치가 행해진 지역이 중앙아시아였다.

카자흐스탄 나자르바예프 대통령

카자흐스탄 알마아타 기차역 – 〈필자 촬영〉

1990년대 러시아는 민주주의 원리에 있어서 중앙아시아와는 변별성을 보여주었다. 절차적 민주주의 측면에서 본다면 러시아는 중앙아시아보다는 진일보한 민주주의 체제였다. 중앙아시아는 독립이후에 과거의 구공산권 출신들이 권력을 독점한 관계로 푸틴의 '주권 민주주의' 이론을 답습하고 있다. 이는 러시아와 소비에트의 권위주의 체제의 권력 기호가 여전히 중앙아시아의 정치 체제에 직접적 영향력을 보유하고 있다는 것으로 해석된다. 그러나 이러한 권위주의 체제 하에서도 카자흐스탄과 키르기스스탄은 전통적 유목문화로서 개방적 성격을 보여주고 있다는 점에 주목할 필요가 있다. 이 두 나라는 연성 권위주의 체제를 보이는 국가로서 과거의 투르크-몽골의 전통성을 지니고 있는 나라이다. 기본적으로 중앙아시아 정치 체제는 '변형된 소비에트식 권위주의'라고 할 수 있다.

중앙아시아의 탈러시아

러시아가 1990년대 말에 중앙아시아로부터 영향력을 상실하게 된 이유는 어디에 있었을까? 이는 여러 가지로 설명이 가능할 것이다.

첫째, 새로운 국가건설의 정체성을 가지고 과거 소련의 정치적 지배와 유산으로부터 벗어나고자 하는 국민적 공감대가 있었기 때문이다.

둘째, 러시아의 중앙아시아에 대한 인식이 하나의 요인이 되었다. 러시아는 19세기 이래로 전통적 강국이었고 20세기에는 전 지구적인 정치적 질서를 보유하면서 세계의 안보를 책임지는 국가로서의 자각이 강하였다. 이에 반해 중앙아시아는 투르크권, 페르시아권의 동양적 문화와 이슬람 전통의 역사적 유산을 보유한 공간이다. 그리고 인종적, 민족적, 문화적으로 변별적 요소를 가지고 있는 공통의 문화 지대(地帶)이다. 중앙아시아와 러시아는 공통적으로 체제전환의 역사적 변환기에 있었다. 중앙아시아는 러시아에 지배당했으며, 이러한 이유 때문에 독립 이후 중앙아시아 외교정책의 방향과 러시아의 대 중앙아시아 관계는 복합적인 성격을 띠었다.

1990년대 러시아는 국제전략 요소로 강대국으로서의 위상이 회복되지는 않았지만, 민주주의 발전 과정에 있었고, 국제사회에서의 지위를 찾기 위한 외교적 노력을 경주하고 있었다. 그러나 중앙아시아 국가들의 입장은 미국이나 서방과의 근접성을 유지하기를 희망하였고 외교정책도 그러한 방향으로 진행되었다. 그러나 동시에 러시아와의 관계도 무시할 수 없었다. 소위 외교적 편승 정책에 좌우되는 국가 환경에 처해있었다. 러시아는 NATO(북대서양조약기구) 없이도 이 지역에서 안보의 보호자가 될 수 있음을 강조하였다.

러시아 모스크바
바실리 성당

이에 대한 미국의 대응은 무엇이었는가? 남카프카스와 중앙아시아는 미국의 전략적 국가이익을 위해서 포기할 수 없는 전략지대이다. 남카프카스와 중앙아시아는 2002년 아프가니스탄 전쟁 때에 NATO 지역에서 아프가니스탄 영공으로 진입하기 위한 현실적 공간이었다.[18] 미국은 9.11 테러사건으로 탈레반 정권에 대한 군사적 응징을 위해 우즈베키스탄의 카나바드, 키르기스스탄의 수도인 비쉬케크 근처의 마나스에 미군 공군기지를 세웠다. 미국은 조지아에 다양한 군사·장비 프로그램을 제공하였다. 러시아는 판키시 계곡에서의 체첸 무장부대의 활동을 조지아가 묵인하였다고 주장했다. 이로 인해 양국 간에 정치적 위기가 촉발되었다. 미국과 조지아는 군사협력에 서명했다. 우즈베키스탄, 키르기스스탄, 조지아뿐만이 아니라 중립국임을 선포한 투르크메니스탄, 아제르바이잔, 카자흐스탄 등은 미 공군에 연료보급시설과 영공 통과권을 부여했다.[19]

블라디미르 소소르가 언급한대로,[20] 미국과 중앙아시아 간에 상호 밀접한 관계는 역사적인 약진(breakthrough)으로 평가될 수 있는데, 과거, 예외적으로 제국의 금렵(禁獵) 지대에 속했던 이 아시아의 중심지에 서방의 군대가 처음으로 진출하였다는 것으로 역사적인 해석을 부여할 수 있다. 아프가니스탄 전쟁으로 이러한 기회를 얻게 되었지만, 미국은 독립 초기에 우즈베키스탄 등 중앙아시아 국가와 안보협정을 맺으면서 오랫동안 군사기지를 유지하고자 하는 정책을 가동하고자 했다. 그러나 우즈베키스탄 안디잔 사태로 이 지역에서 안보적 위협이 지속됨에 따라, 2005년 이후 우즈베키스탄은 또 다시 친러 국가정책으로 돌아섰다. 어떠하든지 중앙아시아는 미국 국제 전략의 핵심 지대가 되었다.

미국이 중앙아시아에서 영속적 관계를 가지고자 하는 의도가 보임에 따라, 중앙아시아 국가들의 외교 정책과 내부의 정치적 환경은 매우 중요한 국가적 요소로 등장했다. 중앙아시아에서 SCO 체제로 표면적인 협력 관계가 된 러시아와 중국이 미국의 출현에 어떠한 대응 전략을 가질 것인가가 주요한 과제로 떠올랐던 것이다.

러시아가 중앙아시아를 지배한 역사의 기억을 다시 상기시키고자 하는 것은 그만큼 현재 중앙아시아의 지정학적 상황은 많은 부분 역사의 경험을 통하여 형성되어왔기 때문이다. 19세기 이후 러시아와 약소민족 간에 이루어진 역사의 기억은 아직도 생생하다. 과거 러시아 엘리트들에 의해 강조된 유럽적 의식은 피지배 공간에서 민족주의 움직임으로 재탄생되었다. 피지배 공간에 속한 엘리트들은 이러한 관점에서 범투르크 민족주의 운동, 자디드운동, '바스마치(Basmachi)' 운동 등 문화적, 종교적 저항 활동을 전개해 나갔으며, 이러한 민족주의 운동은 중앙아시아 지식인들을 중심으로 개별적으로 문헌 작업 등을 통해 소개되었다. 범투르크 민족주의도 1890년대 말 이후로 투르크권 언어로 중앙아시아 지식인들을 통해 점진적으로 보급되었던 것이다.

상기의 글은 강대국에 의한 제국의 지배가 하나의 권역권에서 어떠한 지정학적 관점에서 오늘날에도 지속되고 있는지를 일별하고자 하는 의도로 제기되었다. 오늘날 강대국과 약소국 간에 이루어지는 국제관계나 국내 정치적 요소는 매우 가변적으로 진행되고 있다. 그러나 역사의 지배라는 진실은 여전히 국제사회에서 유효한 방식으로 해석되고 있다는 사실이 강조되어야 할 것이다.

II. 중앙아시아 민족 정체성

1. 독립 20주년, 중앙아시아 민족주의 개괄

1991년 소련 해체 이후 중앙아시아는 신생 독립공화국이 되었다. 이 역사적이고 거대한 변혁의 시기에 중앙아시아라는 새로운 지도가 그려졌다. 중앙아시아 5개 공화국은 소연방 시기에 15개 공화국에 속해 있었는데, 이들의 독립은 소련의 유산이 남겨놓은 결과물이었다. 소연방이 출범하기 이전의 중앙아시아는 19세기 중반 이후로 제정러시아가 복속한 지역이지만, 민족적 특성과 문화가 다양하게 발전하고 있었다. 중앙아시아의 국경은 현재 독립한 5개 공화국의 경계처럼 명확히 구분되지 않았는데, 소비에트의 통치적 체제에 맞게 임의로 설정되어졌다. 20세기 초 신생국인 소련 이전에 중앙아시아에는 코칸드 칸국, 부하라 칸국, 히바 칸국이 존재하였고, 다양한 중앙아시아 민족들이 거주하고 있었다. 이 지역은 역사적으로 유목민족 제국사의 흥망성쇠가 되풀이되다가 19세기 중반이후 제정러시아가 중앙아시아를 복속시켰다. 19세기 이후 중앙아시아에 가장 중대한 정치적, 문화적, 사회적, 경제적 영향력을 끼친 민족은 러시아였다. 19세기 제정러시아와 20세기 소비에트 체제 통치로 인해 중앙아시아는 상대적으로 슬라브 민족의 지배를 받았는데, 이러한 이유 때문에 1991년 독립한 이후에는 소련의 유산에서 벗어나는 민족주의 정책을 펼치게 된다.

중앙아시아 민족주의에는 공통적인 관점이 있다. 중앙아시아의 정치 지도자는 과거 소연방시절 공산당 출신이고 독립 이후에도 소비에트식 권위주의로 국가를 통치하고 있다. 러시아와 소비에트 체제의 역사적, 정치적 전통은 권위주의 체제였다. 그러므로 중앙아시아의 민족주의는 국가 정체성과 국가 건설의 과정에서 정치 지도자들의 권위주의를 강화하는 방식으로 진행되었다. 그러므로 이 지역의 민족주의를 연구하기 위해서는 민족주의와 권위주의의 상호 관계를 이해하는 것이 매우 중요하다. 또 중앙아시아 지도자들은 자신들의 통치를 원활히 하기 위한 목적으로 이슬람을 민족주의의 수단으로 이용하고 있다. 그들은 타지키스탄 내전을 통해 우즈베키스탄과 타지키스탄공화국에 출현했던 이슬람 원리주의를 강하게 탄압하면서도, 이슬람이 중앙아시아 민족의 기본 종교이기 때문에 신학교 개설, 이슬람 모스크의 대폭적인 확충 등 국민들의 의식을 하나로 묶기 위해서 이슬람을 정략적으로 이용하고 있다.

러시아 남부 벨트인 중앙아시아는 미국 등 서방과 러시아간의 국가 발전 전략이나 헤게모니 경쟁, 안보 군사적 측면, 카스피해의 석유 자원 등의 지정학적, 지경학적 중요성이 그 어느 때보다도 매우 높은 지역으로 부상하고 있다. 중앙아시아에서 진행되고 있는 민족주의와 민주주의의 상호 관계와, 권위주의와 민족주의의 관계를 이해하고 연구하는 것은 중앙아시아 민족 정체성을 이해하는 필수적 요소이다.

중앙아시아의 민족주의나 민족 정체성은 과거부터 이 지역이 투르크 민족들이 거주하는 투르크 문화권이기 때문에 기본적으로 유사한 민족적 일체감의 원리에서 출발하고 있다. 무엇보다도 포스트 소비에트 시대 중앙아시아의 민족 정체성에 대한 규명을 위해서는 근본적으로 이 지역의 민족, 인종, 종교, 주권, 종교 등의 국가 정체성 요소에 대한 폭넓은 연구가 필요하며, 민족, 종족, 민족주의[21]라는 중앙아시아의 인종적, 문화적 이해의 폭이 넓혀져야 할 것이다. 그러나 중앙아시아의 민족주의는 각 국가가 처한 정치적, 국제관계의 상황이 동일하지 않기 때문에 다양한 특수성을 보여준다. 강력한 독재적 권위주의 통치를 가지고 있는 우즈베키스탄과 같은 국가가 있지만, 카자흐스탄처럼 경제적 발전을 우선적으로 중시하는 국가도 있다. 강력한 독재자 니야조프가 자신의 권위주의를 민족 정체성 작업에 폭넓게 활용한 투르크메니스탄은 니야조프의 사망으로 한때 혼란스러운 상황에 빠졌지만 지금도 여전히 그 후계자에 의해 독재적 권위주의 국가가 이어지고 있다. 타지키스탄은 우즈베키스탄과의 민족적, 국가적 갈등에서 비롯된 민족주의 정체성을 보여준 국가이다.

그러므로 포스트 소비에트 시대 중앙아시아의 5개 공화국을 중심으로 각 국가의 민족 정체성을 민주주의 및 권위주의의 관계, 러시아 유산이 남긴 민족주의, 이슬람과 민족주의의 관계, 독립 이후의 민족주의 특징인 언어정책 변화와 각 개별 공화국의 민족주의 등이 종합적으로 규명될 필요성이 있다. 본 글은 통시적으로는 러시아와 중앙아시아의 역사적 관계가 가장 밀접한 관계로 발전했던 19세기 이후부터 기술되지만, 주로 중앙아시아 공화국이 소연방으로부터 독립한 1991년 이후의 정치적, 사회적, 문화적 변화를 중심으로 서술된다.

2. 중앙아시아 정치와 민족 정체성

중앙아시아의 민족 정체성, 민족주의 특성의 기원은 무엇일까? 소연방이 해체됨으로써 공산주의는 중앙아시아에서도 종말을 고했다. 그러나 그렇다고 이 지역에 민주주의가 확실히 정착한 것은 아니다. 소연방 시절의 공산당 지도자들이 독립 이후에도 여전히 대통령이 되어 국민들을 통치함으로써, 소련식 권위주의가 사라지지 않고 지속되고 있기 때문이다. 즉 중앙아시아에서 정권을 장악한 구 공산주의자들은 정부의 행정 및 통치적 기능을 소비에트 시대에 공화국 서기장들을 위한 체제와 기능으로 정착시키면서 국가 독립의 이데올로기를 장악하였던 것이다.[22] 공산주의가 사라진 이후, 이 지역에 민주주의가 확실히 정착, 민주주의의 실험이 진행되었기보다는 도리어 민족주의에서 파생된 권위주의 통치가 정착되고 있다.[23] 러시아가 18세기에 지금의 카자흐스탄 북부에서 최초의 군사 요새를 건설한 이후, 19세기 중반기에 중앙아시아 지역을 복속함으로써, 러시아의 영향력이 지배적으로 있는 공간이 중앙아시아이다. 중앙아시아의 권위주의는 러시아의 지배 유산이 물려준 영향력이다.

중앙아시아 문화군 분류

중앙아시아 5개국은 알타이 문화권에 속한다. 타지키스탄의 타지크 민족은 페르시아계이지만, 나머지 4개국은 투르크계에 속한다. 남 카프카스(south caucasus)의 아제르바이잔을 포함하면 소연방에서 독립한 국가 중 투르크계 국가는 5개가 된다. 중앙아시아 공화국들은 역사적으로 뒤늦게 세워진 국가들이다. 19세기에 러시아에 의해 정복당할 때까지 소위 말하는 카자흐족, 키르기스족, 우즈베크족, 타지크족 등과 같은 민족성(ethnicity) 자체가 이 지역에 존재하지 않았다. 다만 여러 다양한 부족 연합체나 종족, 씨족 연합체가 각각 존재하였는데, 부하라, 히바, 사마르칸트 등 소위 '칸'의 왕국들과 울러스 차가타이(Ulus Chagatay) 등과 같은 주권국에 의해 통치된 유목연합체 등이 있었다.

현재의 중앙아시아가 5개국으로 구분된 것은 20세기 들어 소연방에 의해서였다. 역사적인 과정을 살펴보면, 중앙아시아의 국가 정체성은 비슷한 시기에 소연방으로부터 독립한 리투아니아, 라트비아, 에스토니아 등 발트海 공화국들이나, 아제르바이잔, 아르메니아, 조지아 등 코카서스(카프카스) 공화국 등과 비교해 보면, 선명히 부각되어있지 않다. 발트 지역의 사회·문화적 정체성은 서유럽과 매우 밀접하여 소연방 공화국 중 가장 먼저 독립을 요구했던 국가들이다. 소비에트 체제의 중앙아시아 통치 기간에 중앙아시아 민족을 위한 민족 정체성이나 민족주의는 상대적으로 강하게 일어나지 않았다. 1917년에 '전 세계의 노동자여 단결하라.'라고 하는 볼셰비키 혁명이 주도적으로 러시아 민족에 의해 성공했지만, 스탈린이 소연방의 통치자로 등장한 이후에 소비에트 체제는 전 세계 사회주의 혁명보다는 일국사회주의 혁명론에 치중, 내부 체제의 역량 강화가 우선적인 국가 목표였다.

소연방은 공산주의 이념을 통해 자신들의 통치 기반을 공고히 하는 것이 기본적인 국가 정책이었고, 다른 민족들이 자체적으로 정치적·문화적·민족적 통일성을 가지고 연대감, 일체감을 가진 공동체성을 가지는 민족 문화가 형성되는 것을 전혀 원치 않았다. 그러나 소비에트 체제라는 국가적 인식이 강하게 작동되어있었음에도 불구하고 고유한 민족성은 공산주의 문화와는 다르게 지속적으로 축적되었다.[24] 중앙아시아 민족의 문화나 관습 자체가 러시아나 소비에트 체제와는 근본적으로 이질적이기 때문이다. 중앙아시아 5개국의 역사 속에는 민족성과 지역성의 두 가지 정체성이 형성되어 왔다.[25] 이 지역의 지정학적 체제 변환의 성격은 전체적으로 '지역주의의 부활과 강화'로 정의할 수 있다.

민족주의 이론과 중앙아시아 지역

민족 단위를 구분할 때에 대표적인 민족주의 이론가인 '어네스트 겔너'는 '정치적 단위와 민족적 단위가 일치할 때'에 '민족'이라는 용어를 사용해야 한다고 주장하는 학자이다. 그는 중앙아시아 민족주의는 일종의 '시민적이며 지방적'(civic and territorial)이라고 정의한다. 겔너는 신생 공화국이 출현하기 위해서는 어떠한 환경이 조성되어야 하는데, '시민국가' 형태로 산업사회나 민주주의 사회에서 민족 국가가 출현할 수 있다고 말한다. 이에 반대되는 견해로 중앙아시아 민족주의를 연구하고 정의한 대표적인 학자로 '앤서니 스미스'가 있다. 그는 중앙아시아 민족주의에는 일종의 '민족적, 족보(계보)적'(ethnic and genealogical) 특징이 있다고 주장한다.[26] 스미스 이론에 따르면 겔너의 '시민적' 형태의 민족주의는 중앙아시아 특성과는 합치되지 않는다. 중앙아시아는 전통적인 농업사회였다. 그러므로 중앙아시아 민족성은 아직까지는 농촌적, 혹은 계보적 형태의 민족 구조를 보이고 있다. 즉 중앙아시아 민족이라는 하나의 단일적 문화권, 씨족이나 족장 형태의 민족 문화가 보존되고 있다.

정치적 권위주의와 민족주의

전통적인 중앙아시아 사회는 농촌 중심, 농업 중심이다. 중앙아시아의 민족성은 동일하게 자연적이며 친화적이고 지방적이다. 이러한 관점에서 중앙아시아 국가들은 새로운 형태의 민주주의 국가에 대한 이해가 부족하다. 그러므로 중앙아시아 국가들이 아주 단기간 이내에 시민적 민주주의 국가로 발전하지는 않을 것이다. 중앙아시아의 민족성 자체가 전통적인 공동체성을 기반으로 하는 사회이기 때문이다. 그리고 이러한 공동체성은 기본적으로 농업문화라는 중앙아시아의 전통 사회와 연관되어 있기 때문에 2012년 현재까지 중앙아시아 공화국들이 민주주의로 완전히 전환될 수 없는 한계를 지니고 있다.

학자 '보르'는 중앙아시아 정치 체제(regime)의 중심인물을 '민족주의자들'이라고 정의한다. 그는 중앙아시아의 정치 지도자들을 '민주주의자'라고 부르기는 매우 어려운 일이라고 강조하였다.[27] 중앙아시아에는 독립 이후에 서구적 민주주의가 광범위하게 도입되기 보다는 과거 공산 지도자들이 여전히 정치적 수장으로 철저하게 권위주의 통치 체제를 유지하고 있기 때문이다.

대체적으로 중앙아시아 국민들은 그들의 국가를 합법적으로 인정하고 있는 상황이다. 그 이유는 대통령의 통치 방식에서 기인하고 있는데, 중앙아시아 국민들의 의식 속에 민족주의를 강화시켜 나가고 있는 정책이 국민들로부터 호응을 받고 있다. 예를 들면, 민족주의 정책의 하나로 중앙아시아의 새로운 영웅이나 신화를 등장시킨다. 국민들의 기억 속에 과거의 영웅과 신화를 부각시키고, 전통적, 씨족적, 계보적인 의식을 주입시킴으로써 독립 이후 새롭게 나타나고 있는 민족주의 흐름에 국민들이 참여하도록 하는 정치적 효과를 얻고 있다. 전통적 문화, 민족의 가치 등이 새로운 국가 이데올로기로 등장하였다. 과거의 영웅들은 이제 새로운 시대의 영웅으로 묘사된다. 제정러시아 황제의 통치는 부정적으로 표현되고 러시아는 더 이상 "문명의 전달자"[28]는 아니다. 소비에트 통치자들도 부정된다. 레닌이라는 영웅은 소비에트 시대에 무시되고 인정받지 못한 前소비에트 시대에 살아갔던 중앙아시아의 영웅으로 대체되고 있다.[29]

민족주의와 중앙아시아 정치 체제

중앙아시아의 정치 지도자들은 이런 방식으로 자신들의 권위주의 통치의 정당성을 찾고자 한다. 공산주의가 종말을 고한 중앙아시아에 민주주의가 착실히 정착되기 보다는 민주주의의 안티테제 요소인 권위주의가 부각되었다. 중앙아시아 지도자들은 정책적 도입을 통한 민주적, 자본주의적 국가건설보다는 자신들의 원활한 통치를 위해 민족주의적 열정을 국민들에 호소하고 있는 상황이다. 1991년 소연방이 해체되자 연방에 속해있던 15개 공화국은 러시아 연방 공화국을 포함, 15개 신생 공화국으로, 체제이행이라는 초대형의 국가실험을 시작했다. 소비에트 체제는 공산주의 체제이다. 그러나 소비에트는 2차 세계대전 이후 서방 국가와의 냉전에서 사실상의 패배를 선언했다. 독립 이후 과거 공산주의자 출신들이 대부분 대통령으로 정권을 장악했으며, 소련 공산주의 체제의 특징인 집단주의나 권위주의의의 잔재는 독립 이후에도 여전히 사라지지 않았다.

중앙아시아는 1991년 독립하였다. 중앙아시아 국가는 독립 이후 러시아어가 아니라 자국의 명목 민족어를 국가 공용어로 채택하면서 우선적으로 민족주의를 강화하기 시작했다. 이는 역사상 최초로 실질적인 독립 국가를 이룬 중앙아시아의 필수적인 국가사업이 되었다. 독립을 성취시킴으로써, 이제는 스스로 러시아 영향권에서 벗어나는 역사적 전환기의 중차대한 시점에서 민족의식을 강화시키고 주류 명목 민족의 국가적 역량을 대내외에 선포할 수 있는 기회가 왔다. 중앙아시아 국가들은 민족적, 계보적, 배타적(exclusive)특징이 있는 '민족주의'를 자주적으로 선택하고자 하였다. 여러 가지 변화 중에서 국가 내에서 다수를 차지하고 있는 주류 명목 민족이 주도가 되어 언어 정책이 입안된 것도 그 중의 하나이다. 카자흐스탄은 카자흐 언어로, 우즈베키스탄은 우즈베크어로 국가 공용어를 채택하였다. 카자흐스탄은 2010년까지는 러시아어와 카자흐어를 동시에 국가 공용어로 선택하고 그 이후에는 카자흐어만을 공식 국가언어로 사용하기로 했는데, 2012년 현재 아직은 러시아어와 카자흐어가 공식적으로 여전히 공용어로 통용되고 있다. 카자흐스탄이 러시아어를 공용어로 채택한 이유는 독립 초기에 러시아인과 카자흐인이 다수 민족으로 간주되었기 때문이다.

인종적 민족주의(ethnic nationalism)는 중앙아시아 국가들의 기본 정책이다. 이는 포스트 소비에트 시대에 중앙아시아 정치 엘리트들이 자국 국민들을 통치하기 위한 주요 요소로 발전해 나간다. '민족化'는 바로 언어법안의 실행과 완성에 있었다. 소연방 붕괴 직전에 입안된 언어법안은 소련이 해체되자 바로 실행에 들어갔다. 즉 중앙아시아 언어법안은 소비에트의 유일한 공용어인 러시아어에 대한 반대적 선언이다. 국가의 주류 민족은 자국어를 사용하도록 이 법안은 적극적으로 권장하고 있기 때문이다. 독립 이후 명목 언어는 민족 정체성의 상징화가 되었으며, 신생 중앙아시아 국가의 민족 정체성으로 발전해 나갔다. '크레인들러'는 민족주의의 주요 요소인 언어법안이 국민들에게 미친 효과에 대해 다음과 같이 강조한다.

> 중앙아시아 언어 법안은 원래 민족 언어의 쇠퇴를 방지하기 위해 제정되었다. 그러나 중앙아시아 국가가 독립한 이후 이는 주류 민족 그룹을 우선시하고 소수민족을 배타적으로 억압하는 수단으로 변질되었다. 중앙아시아 각국이 주류 민족의 언어를 사용하도록 장려함에 따라 러시아인을 포함한 기타 소수민족은 직장을 구하기가 어렵고, 점진적으로 주류 민족으로부터 소외되는 현상이 발생하기 시작했다.[30]

카자흐스탄의 언어 법안에 따르면 "카자흐어는 국가 행정권, 입법권, 사법 분야에 사용되어야한다."고 규정하고 있는데, 지역 언론은 "국민을 통합하는 데 있어서 자국 언어는 매우 중요한 요소"라고 옹호하면서도, 소수민족을 배려하지 않는 입장을 보였다.[31] 우즈베키스탄에서도 유일한 공식 언어로 우즈베크어를 채택하였다. 1989년 언어법안에서는 러시아어를 단지 '종족 사이의 의사소통 언어'(language of inter-ethnic communication)로 규정하였다. 학교에서 우즈베크어 교육은 증가했고, 정부는 구직과 시민권 획득에 우즈베크어 사용은 필수 사항이라고 강조하였다. 러시아인, 고려인 등 소수민족들은 우즈베크어를 구사하지 못함으로써 인격적으로 무시당하고 있다고 생각하였고, 일반 사회생활에도 언어 소통 문제로 생활의 불편을 감수할 수밖에 없었다.[32]

중앙아시아 민족주의와 러시아의 역사적 유산

중앙아시아 민족주의나 정체성은 러시아가 남겨준 과거의 유산으로부터 벗어나는 방향으로 진행되었다. 중앙아시아가 역사적, 정치적, 사회적, 문화적 영향력을 러시아로부터 받았지만, 독립 이후에는 중앙아시아 민족 중심의 정책을 추진하겠다는 것이 각국의 기본적인 정책 골격이다.

중앙아시아의 민족주의에 영향을 끼친 러시아의 역사적 유산은 어떠한 부분을 가리키는가? 그렇다면 러시아제국이 중앙아시아에 남겨놓은 역사적 유산은 어떠한 것인가? 하나의 권역권에 존재하는 강력한 제국의 제국주의, 혹은 식민주의는 제국의 역사적 구조만큼의 동일한 전통성과 정통성을 지닌 피지배 민족의 존재, 삶, 국가 존속에 어떠한 정당성의 유산을 가지고 있는 것인가?

제국은 민족들의 전반적인 생활상에 어떤 견고한 이미지를 양산하며, 피지배 민족이나 국가는 이에 대해 어떠한 대응을 하는 것인가? 이런 질문에서 제기되는 해답을 본다면, 중앙아시아에서의 몽골제국과 제정러시아의 역사적 유산은 피정복 민족 엘리트들의 민족 정체성에 일정한 지배력과 영향력으로 작용한다는 사실이 강조되어야 할 것이다. 즉 범투르크주의나 범이슬람주의가 그러한 예이다. 범투르크주의가 중앙아시아 사회에서 하나의 이슈가 될 수 있었던 이유는 투르크민족의 문화와 정신세계를 하나로 통합하자는 운동이 오스만 제국 내에서 강력히 대두되면서, 당시의 시대적 배경 속에서 러시아와 오스만 제국의 대립적, 대항적 관계의 분위기를 틈타 자연스럽게 중앙아시아 지식인들이 이러한 주의를 수용하면서 반러시아 저항의 수단으로 삼고자 하였거나, 혹은 그들이 중앙아시아 거주민들에게 더 선진화된 나라의 이념을 전파하고자 하는 목적이 있었기 때문이다. 범투르크주의자들을 비롯한 지배엘리트들은 중앙아시아의 민족국가 건설을 진지하게 숙고했었다.

사마르칸트 이슬람 성전

중앙아시아는 1855년에 코칸드 칸국, 1865년에는 타시켄트가, 1867년에는 부하라 칸국이, 1868년에는 사마르칸트가, 1873년에는 히바 칸국이 러시아에 점령됨으로써 사실상 러시아의 통치 아래 놓이게 된다.

제정 러시아 시기에 중앙아시아인은 민족적 저항운동을 펼친다. 19세기 말부터 20세기 초에 걸쳐 중앙아시아 인텔리를 중심으로 이루어진 자디드(Jadid) 운동은 이미 위에서 언급했지만, 중앙아시아 사람들이 자신들의 민족적, 종교적 정체성을 보존하기 위한 대표적인 저항 운동이었다. 자디드 운동이 이슬람 지도자를 중심으로 한 엘리트 계층이 주도하였다면, '바스마치' 저항운동은 중앙아시아의 광범위한 민중들에 의해 일어났다.

바스마치 운동은 우즈베키스탄 페르가나 지방을 중심으로 나타난 반러시아, 반 소비에트 저항운동으로 볼셰비키 혁명이 일어났던 1917년부터 1931년까지 지속되었는데, 대중들로부터 큰 지지를 얻었다. 이 기간은 스탈린에 의해 강제 집산화운동 등 중앙아시아 민족에 대한 탄압이 진행되던 시절이었다. 볼셰비키 혁명 초기에 레닌은 새로운 국가 경영 철학에 반제국주의를 분명히 하였고, '이성적인 국제주의'(rational internationalism)[33]로서 민족의 자유와 해방을 주장했었다. 레닌의 이러한 정의는 소비에트 시대 때에 양날의 칼로 작용하였다. 즉 한편으로 소비에트 시스템은 사회주의 가치를 공유하는 정치문화를 가진 국제주의를 고양하였고 다른 측면으로는 중앙아시아 민족주의자들과 민족 공동체의 의식을 일깨운 역할을 하였다.[34] 스탈린의 정권 장악 이전에 레닌이 1917년 볼셰비키 혁명 이후 채택한 국제주의 정책은 중앙아시아 민족들에게 민족주의를 불러 일으켰다. 레닌의 민족주의 정책은 스탈린 시대에 들어와서는 계승되지 못하고 완전히 뒤바뀌어졌다. 스탈린 자신도 한때는 민족을 정의할 때에 '언어, 지역, 경제생활 및 문화의 공통성 가운데서 나타나는 심리상태의 공통성을 기초로 생겨난 역사적으로 구성된 사람들의 강한 공동체'라고 정의한 바 있지만, 이를 타민족에게 적용할 때는 이론과는 달리 강제적이고 탄압적 방식으로 일관하였다.

소련 서기장 고르바초프에 의해 페레스트로이카가 진행 중이던 1986년, 소연방 공산당은 "과거로부터 유산으로 물려받은 민족주의 문제는 성공적으로 해결되었다"고 선언한 바 있다.[35] 그러나 이는 단순히 선언으로만 그쳐서는 안된다. 민족주의, 종교, 문화는 공산주의라는 이데올로기만으로 간단히 해결될 수 있는 성질의 이념은 아니다. 소연방이 해체되기 전, '임부시'는 다음과 같이 언급했다.

> 상식적으로 유추해 보아도 14세기에 걸친 중앙아시아의 빛나는 페르시아-투르크-이슬람 문화는 가짜 러시아 마르크시즘과 레닌주의에 의해 68년만에 그렇게 간단히 사라질 만한 성질의 것이 아니다.[36]

상기에 언급한 것처럼, 중앙아시아 민족주의를 논할 때 제정러시아나 소비에트 러시아와의 관계에 대한 설정은 매우 중요한 과제로 떠오른다. 중앙아시아는 러시아로부터 식민주의, 세속주의, 러시아化와 강제적인 국경 획정의 유산을 물려받았다. 중앙아시아에 거주한 러시아 이주자들은 중앙아시아인들과 문화적, 혈연적으로 융화되지 않았다. 러시아인과 이 지역 사람들과의 결혼 비율도 그다지 높지 않았다. 타라스 쿠지오가 지적하듯, 독립 이후 중앙아시아에는 정치지도자 등 위로부터, 일반민중이라는 아래에 이르기까지 러시아와 소비에트 체제 문화와의 결별이라는 공통적인 무언의 합의가 이루어졌다.[37] 러시아인들은 공공기관, 은행, 비즈니스 분야 등에서 퇴조하였다. 중앙아시아 지역에 민족주의 영향력이 강하게 일어나는 이유는 러시아의 유산으로부터 시급히 벗어나겠다는 의지가 강하기 때문이다.

민족주의와 문화 상징

소비에트 시대의 러시아 지명들은 본래의 고유한 이름으로 바뀌었다. 예를 들면, 카자흐스탄의 'TseliNorad'는 'Akmola'로, 그 이후에 다시 지금의 수도 이름인 'Astana'로 바뀌었다. 키르기스스탄의 'Frunze'는 'Bishkek'로, 투르크메니스탄의 'KrasNovodsk'는 'Turkmenbashi'로 바뀌었다. 우즈베키스탄에서는 5월 9일 러시아의 2차 대전 승전기념일을 '기념과 경의의 날'로 대체하였고, 소연방 시절의 공식 경축일도 민족 고유의 축제날로 교체되었다. 러시아인들은 자신들의 특권을 상실하고 직업에서의 불이익을 받으면서, 점차로 안보의 위협까지도 느끼기 시작했다. 또한 국기 제정에서도 민족주의 정신이 고양된다. 우즈베키스탄과 투르크메니스탄의 국기는 이슬람의 상징인 초승달을 보여준다. 투르크메니스탄 국기에서 다섯 개의 양탄자는 5개 투르크 종족을 상징하며, 키르기스스탄의 40개의 광선은 키르기스스탄의 40개의 종족을 의미하고 태양은 전통적인 키르기스

우즈베키스탄 국기

투르크메니스탄 국기

키르기스스탄 국기

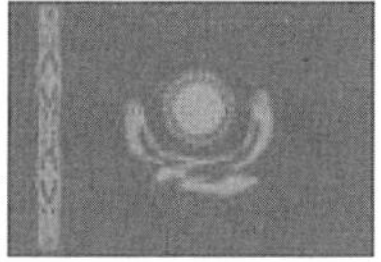
카자흐스탄 국기

타지키스탄 국기

스탄의 천막 지붕을 표현하고 있다. 또한 카자흐스탄이 과거의 수도였던 알마티에서 아스타나로 수도를 이전한 이유도 카자흐스탄 북부에서의 러시아의 영향력을 차단하기 위해서였다.[38]

이슬람과 민족주의

중앙아시아 지역은 기본적으로 이슬람의 영향권 아래 있다. 이슬람은 여전히 중앙아시아의 역사적, 사회-정치적 근거와 영향력을 지속적으로 미치고 있다.[39] 중앙아시아 이슬람은 중동아랍의 사우디아라비아나 이란의 이슬람 특성과는 상당히 거리가 있다. 그러나 독립 이후에 타지키스탄의 내전을 둘러싸고 이슬람 원리주의가 새로운 현상으로 이 지역에 출현하고 발흥하였다. 이런 관계로 정치지도자들은 이슬람 원리주의를 매우 경계하였다. 소비에트 시대에 이슬람은 중앙아시아에서 그렇게 강력한 역할을 하지 못했다. 그 이유는 철저한 소비에트 통치로 인해 이슬람이 정착하지 못했기 때문이다. 1800년대 말과 1900년대 초에 전세계 무슬림 공동체에는 이슬람 개혁파들이 출현했었다. 지금의 중앙아시아 지역에서 당시 무슬림의 대표적인 활동 지역은 부하라와 사마르칸트였다. 이 지역에서 무슬림들은 개혁적 신문과 잡지를 출판하면서 민족주의 운동을 일으켰다. 그러나 1920년 부하라 칸국이 소비에트 정부에 의해 전복되면서 무슬림 개혁 운동은 실패로 돌아갔다. 소연방 시대에 이슬람은 박해받았고 그 기반도 대부분 파괴되어졌다. 2차 세계대전 중에 이슬람 종교 단체가 재형성되고 종교 활동이 일부 허용되었으나, 이는 전쟁을 승리로 이끌기 위한 임시방편적 성격이었고 소비에트의 무신론 선전과 세속화 강조는 크게 줄어들지 않았다. 그 결과 1980년대 이슬람은 대부분의 중앙아시아 민족에게 하나의 역동성을 가진 종교라기보다는 문화적, 윤리적 정체성의 상징 정도로 여겨졌다.[40)]

이슬람 원리주의와 민족주의

특별히 정치·경제 엘리트들은 이슬람에 큰 관심을 보여주지 못했다. 그러나 포스트 소비에트 시대에 이슬람은 중앙아시아 민족의 독립과 더불어 새로이 출현한 이슬람 원리주의로 인해 이슬람 부흥 운동의 한 단면을 보여주었다. 이슬람 원리주의는 이슬람 교리가 정치·경제·사회·문화 등 공동체와 국가의 기반이 되어야 한다며 모든 분야의 이슬람化를 추구한다. 서구의 세속, 물질주의를 강하게 거부하고 서구의 제도와 사상을 빌려오지 않아도 이슬람 교리에 따라 이슬람 공동체 건설이 가능하다고 여기는 이들을 이슬람 근본주의자, 내지는 원리주의자로,[41)] 즉 서구에서 테러세력이라고 일반적으로 부르는 용어이다.

그러나 그렇다고 하더라도 중앙아시아의 민족주의에 대해 언급할 때 이슬람 요소보다는 민족 정체성이 상대적으로 더 중요한 요인으로 작용하고 있다. 정치 지도자들의 국가 통치 방식에서 이슬람은 최우선적인 국가의 기본 원리로 채택되고 있지는 않다. 차라리 그들은 이슬람이 생활 종교요, 문화적인 기복 종교로 남아 있기를 의도적으로 장려하고 지원하고 있다. 중앙아시아 이슬람은 원래 공식 이슬람(official islam)과 병행(민중) 이슬람(parallel islam)이라는 이원적인 체제였다. 소비에트 통치가 낳은 하나의 부산물이었는데, 소비에트 정부는 이슬람이 공식적인 채널을 통해서 국가의 통제를 받는 종교로 남아있기를 원하였다. 그러나 일반 민중들은 샤머니즘적인 요소를 비롯하여 민속(Folk) 이슬람을 신봉했다. 중앙아시아 지도자들은 자국의 국민들이 근본주의 이슬람보다는 보다 온건한 신앙 체계를 가지고 국가에 순종적인 이슬람 신자들이 되어주기를 원하고 있다. 그래서 소련 해체 이후에 각 나라마다 크고 작은 규모의 이슬람 사원을 건축하고, 이슬람 신학교를 세워서 이슬람 선생들을 양성하고 있는데, 이는 국가적 차원에서 후원된다. 특히 이슬람 원리주의 세력이 아직도 강하게 남아있는 우즈베키스탄에서 1999년에 설립된 '타시켄트 이슬람 대학'은 정부 내각의 후원아래 운영되고 있는 대표적인 신학교이다. 이 학교의 근본적인 목표는 민족주의에 합당한 지도자들이 양성되는 것이다. 즉 우즈베키스탄 정부는 우즈베크 민족 정체성에 합당한 교육 체계로서 이슬람 교육을 한정적으로 허락하고 있다.

특히 정부 지도자들은 이슬람 신정 국가 건설 등 혁명적 이념을 퍼뜨리는 세력에 대해서는 매우 단호한 입장을 취하고 있다. 현재의 중앙아시아 정치 지도자들은 이슬람 원리주의 세력이 정치적 불안과 민중 소요를 일으키고 있다고 판단하고 있고 이는 국가적 안보, 정치적 안보에 매우 큰 위협이 된다고 간주한다. 중앙아시아 이슬람을 바라보는 시각은 두 가지로 나타난다. 무슬림 원리주의자들의 측면에서 이슬람은 현재의 정치 체제에 반대하기 위한 목적을 위해 수단으로 활용되는 반면, 정치지도자들은 권위주의식 통치를 위해 급진적 이슬람에 반대하고 오히려 민족주의를 활용하고 있다.

이슬람과 민족주의를 이해하는 것은 현재의 중앙 정부가 이슬람에 대한 원칙과 기본적인 태도가 어떤 것인가에 대해 다양한 정책이 나올 수 있다는 것을 시사한다. 정치지도자들은 이슬람 원리주의자들의 세력을 억제하면서, 전통적인 이슬람 세력을 자신의 편으로 끌어들이면서 민족 정체성을 이슬람을 중심으로 고양해 나가는 정책을 앞으로도 펼쳐 나갈 것이다. 이슬람은 중앙아시아 민족의 전통과 결코 소멸될 수 없는 민족 정체성으로 남아있기 때문이다.

3. 개별 국가의 민족주의 및 민족 정체성

카자흐스탄 민족주의 및 민족 정체성

카자흐스탄은 독특한 위치를 차지하고 있다. 카자흐스탄의 민족주의를 언급할 때에 가장 빈번히 언급되는 부분은 카자흐어를 사용하는 카자흐 엘리트들과 러시아어를 상용하는 카자흐 엘리트들의 두 그룹이 존재한다는 사실이다.[42] 초기에 카자흐스탄은 민족 정체성을 정립하는 데 어려움을 겪었다. 이는 카자흐스탄 내에 카자흐어를 사용하는 그룹과 러시아를 사용하는 엘리트 등이 분열되어 있었기 때문이었다. 그러므로 카자흐스탄 정부는 독립 초기 때부터 민족 정체성 정립의 하나로 카자흐 중심의 언어 정책을 최우선으로 정부 정책의 중심 전략으로 선택했고, 수도를 아스타나로 전격적으로 이전하였다.[43] 1998-1999년에 이전 수도였던 알마티에서 아스타나로 이전하는 데에 비용이 10억 달러가 소요되기도 했지만, 수

도를 이전함으로써 카자흐스탄의 정치 공동체는 카자흐 인들의 신화와 상징성에 더 핵심 가치를 두었다.[44]

1996년 카자흐스탄 독립 기념 5주년 때에는 터키 대통령이 참석한 가운데 대형 기념식이 알마티에서 열렸다. 고대 투르크 전사를 기념하는 집회를 통해 민족주의 고양 의식을 견고하게 행했다. 나자르바예프 대통령은 1986년 알마티에서 소연방에 반대하여 궐기한 봉기 사건을 새로운 국가적 신화로 그 의미를 부여했다. 카자흐스탄의 독립기념일인 12월 12일은 소련 제국에 맞서 1986년 민족주의 봉기 사건이 일어난 날이었다.[45] 카자흐스탄 역사의 부흥은 나자르바예프 대통령의 언급에 따른다면, "영적, 정신적 부흥이 카자흐 민족에 축적되어왔다."[46]는 사실 때문에 가능했다.

카자흐스탄은 중앙아시아에서도 대표적으로 민족적 국가주의의 성격을 독립 이후에 보여주고 있다. 독립 이후에 이 나라는 러시아 사람들에게 이중 국적 혜택을 주지 않았다. 독립 이후에 북부 지방의 일부 지역에서는 러시아 인구가 카자흐인보다도 숫자적으로 우위를 점하고 있음에도 불구하고 카자흐스탄은 소수민족에게 이중 국적을 허용하지 않았다. 대신에 카자흐스탄은 카자흐 디아스포라에게는 이중 시민권을 허용하는 민족주의 정책을 펼쳤다. 상기의 사건은 신생 독립공화국이 계보적 민족주의 정책을 펼치고 있다는 것을 상징적으로 보여주는 예(例)이다.

기본적으로 중앙아시아 민족주의는 혈연적, 계통적인 특징을 보였다. 스미스가 지적하듯, 중앙아시아 민족들은 지리적 경계에서 민족주의가 생성되는 것이 아니라, 혈연적 공동체성을 통해서 축적된다. 이를 위해서 카자흐스탄 정부 관리들은 중국, 터키, 몽골 등 해외에 거주하고 있는 카자흐 기혼 여성들에게 출산을 장려하는 정

카자흐스탄 수도 아스타나의 바이테렉 전망대에서 본 대통령궁 및 피라미드 전경 – 〈필자 촬영〉

책을 홍보하기도 했다. 이는 카자흐 사람들의 자국으로 귀환에 대비한 정책이다. 카자흐스탄 정부는 해외 디아스포라가 귀국할 때는 거주지와 일정한 정착금을 제공한다고 약속했다. 이러한 방식으로 카자흐스탄은 위로부터의 민족주의 장려책을 적극 권장했다. 카자흐 사람들이 대부분의 공무원 직책을 차지하고 있다.

러시아인들은 독립 이후 높은 지위의 직업을 가지지 못했다. 이러한 양상은 다른 중앙아시아 국가에서도 동일했다. 카자흐스탄에서는 러시아인의 비율이 2012년 현재 전체 인구 중 25% 정도이다. 독립 당시에는 러시아인의 비율이 전체 카자흐스탄 인구 중에서 45%나 차지하였었다. 명목 집단의 구성원들이 자신의 특권적 지위를 확보하는 또 다른 방법은 국회에서 그들의 지배적 우월성을 확보하는 것이었는데, 카자흐스탄에서는 유권자들이 주류 명목 국적인 카자흐 시민권을 수호하는 방법으로 투표 결과가 나타났다.[47]

우즈베키스탄 민족주의 및 민족 정체성

중앙아시아 역사에서 '우즈베크' 명칭은 특이하다. 14세기 몽골제국 멸망 이후 '우즈베크 칸'이 중앙아시아를 통치했는데, 이때 '우즈베크' 민족 그룹이 최초로 등장했다. 15세기 초원의 유목민족 우즈베크 족은 중앙아시아 정착지역을 침공하여 장악하였다. 티무르제국이 15세기에 급격히 약화되자, 우즈베크 족은 티무르제국의 수도였던 사마르칸트를 점령하고 왕조를 세웠다. 과거의 우즈베키스탄은 부하라 칸국, 히바 칸국으로 세력권을 확장하고 정착 민족의 길을 걸어갔다. 부하라 칸국은 16세기부터 19세기까지 존속한 나라이다. 19세기 이후로 제정러시아는 이 두 칸국을 붕괴시킨다.

1920년대 볼셰비키 혁명 이후에 중앙아시아는 신생 소비에트 공화국에 편입된다. 우즈베크 민족도 볼셰비키 혁명 전에는 '우즈베크'라는 특별한 민족 정체성을 가지고 있지 못했다. 왜냐하면 우즈베크 민족은 소위 단일민족이 아니고, 이 지역에 분포되어 살고 있었던 부족들의 연합체 성격을 가지고 있는 그룹이었기 때문이다. 그들은 단지 씨족이나 종족 단위의 공동체적 삶을 영위하고 있었고 20세기 이전까지만 해도 우즈베크 민족은 16세기 이래로 이 지역을 정복하고 통치한 다양한 칸국에 의해 다스려졌다.[48]

우즈베키스탄은 민족 정체성이 강한 국가로 평가된다. 자디드 운동과 바스마치 저항 운동 때에 주로 페르가나 계곡이 반러시아 저항 운동의 본거지가 되었다. 우즈베크 민족의 일상생활과 전통의 중요한 요소는 공동체적 유대감이다. 공동체의 근간은 바로 씨족 그룹인

마할레(도시)와 키쉴락(시골)인데, 연대감이 강하다.

우즈베키스탄에서는 전통적인 농업사회가 유지되어왔다. 가장의 권위는 절대적이다. 마을은 가족 단위의 확장된 형태이다. 우즈베키스탄은 전통적으로 공동체적 정체성을 가지고 있는 나라였다. 과거 공산당 서기 출신인 이슬람 카리모프 대통령도 자국 민족의 공동체성을 잘 이해하고, 민족주의를 강화하는 정책을 선택했다. 그는 우선 이슬람 근본주의 세력과 민족주의 세력을 효과적으로 억누르고 강력한 독재 정권을 수립했다. 카리모프 대통령이 민족 정체성을 강조하고 나온 이유는 자신의 권위주의적 통치에 대한 합법적 수단으로 민족주의를 이용했기 때문이다. 강성 권위주의 통치로 일관하고 있는 우즈베키스탄의 민족 정체성 건설 작업은 정권 통치 수단이다. 카리모프 대통령은 과거 공산주의 체제와 유사한 권위주의 체제를 확립한 지도자이다. 카리모프는 입법권, 사법권, 행정권을 장악하고 모든 관공서의 책임자를 임명하고 150명의 대통령 위원회를 친정 체제로 관장하고 있다. 그는 지방 행정 책임자까지도 임명하는 막강한 권한을 누린다. 카리모프의 막강한 권력을 두고 '독재형 극단적 보수주의자'(autocratic immobilism)이라고 부른다.[49] 우즈베키스탄은 강력한 대통령 중심주의를 적절히 활용, 민족주의 정책을 적극 추진할 수 있었다. 이런 과정 중에 이슬람 원리주의 세력이 넓게 확산되었고 수백 명이 사망한 안디잔 사태가 일어났다.

우즈베키스탄의 대이슬람 정책에서도 이 같은 경향이 나타난다. 우즈베키스탄에서 이슬람 원리주의 세력이 출현하자, 정부는 IMU (Islamic Movement of Uzbekistan) 등 이슬람 원리주의 단체를 강력히 탄압해왔다. 정부는 이들의 과격성이 정부를 전복할 수도 있다는 생각을 가지고 있었다. 중앙아시아 중에서도 이슬람 전통과 원리주의가 가장 강하게 퍼져있는 나라는 우즈베키스탄이다. 1999년 타시켄트에서 대통령 암살을 위한 테러사건이 벌어진 이후, 정부는 이슬람 원리주의 운동을 강력하게 탄압하고 있는 상황이다. 우즈베키스탄에서는 종교적 휴일이나 장례식, 결혼식 등 기념행사에서 이슬람식 전통 의식이 매우 강하게 남아있다. 현실적으로 우즈베키스탄 세속 정부는 이러한 민족성의 특징 자체를 완벽히 없애지는 못하고 있다.[50]

카리모프 대통령은 중앙아시아를 둘러싼 국제관계에서 러시아와 미국 등 서방 국가 사이에서 탈러 정책과 친러 정책을 반복하는 입장을 보여주었다. 포스트 소비에트 공간에서 대표적인 탈러 국가 성향을 보여주고 있는 GUUAM에 한때 가입했다가 탈퇴하면서 줄곧 친러 경향을 보이고 있다. GUUAM은 초기에는 우즈베키스탄이 포함된 5개국이었다. 그러나 조지아, 우크라이나, 아제르바이잔, 몰도바 등 우즈베키스탄을 제외한 다른 GUUAM 소속 국가들이 친서방 경향을 보이면서 우즈베키스탄은 전격 탈퇴하였다. GUUAM은 1997년 다자간 국가연합체 성격으로 출범한 다자기구였다. 우즈베키스탄은 뒤늦게 GUUAM에 참여하였으나, 2005년 안디잔 사태를 계기로 탈퇴하였다. 카리모프 대통령이 친러 입장을 보인 이유는 독재정치에 반대해 일어난 궐기를 무력으로 강제진압, 수백 명의 사망자가 생겼고, 통치 기반이 매우 위태로워지자 러시아의 도움이 절실히 필요하였기 때문이다. 즉 카리모프 대통령의 민족주의 정책은 자신의 정권을 지키고자 하는 수단으로 활용되고 있다. 미쿨스키는 카리모프 대통령에 대해 이렇게 지적한다.

우즈베키스탄 대통령은 프랑스, 에스토니아, 심지어는 러시아의 대통령과 비교해서

전혀 이질적이다. 그는 전통적인 우즈베크 사회에 속했던 부하라 공국의 군주와 같지 않다.[51)]

상기의 내용처럼 우즈베키스탄의 민족주의는 카리모프를 중심으로 하는 정부의 권위주의 통치의 영향에 크게 좌우될 것이다. 특별히 카리모프 대통령은 이슬람 원리주의 세력을 매우 강하게 압박하면서, 반정부 성격을 가지고 있는 모든 형태의 민족주의에 제동을 걸 것으로 보인다.

투르크메니스탄 민족주의 및 민족 정체성

투르크메니스탄은 역사적으로 다른 민족에 의해 침입을 받아왔다. 1717년 러시아의 1차 침입에 투르크멘 민족은 필사적으로 저항하지만, 결국 1869년 러시아의 2차 침입 때에 점령당한다. 1991년 투르크메니스탄은 소연방으로부터 독립했다.

독립 이후 투르크메니스탄의 민족주의 정체성을 이해하기 위해서는 특이하게도 독재자 샤파르무야트 니야조프의 통치 철학에 대한 이해가 필요하다. 그는 고르바초프의 페레스트로이카가 진행되던 1985년 12월에 투르크메니스탄 공산당 제1서기가 됨으로써 실질적인 통치자가 되었다. 이후 니야조프는 1991년 10월 소연방으로부터의 독립을 국민투표에 부쳐 찬성률 94.1%로 독립함과 동시에, 투르크메니스탄 공화국의 초대대통령이 됐다. 이후 대통령 선거는 1992년 6월에 처음으로 거행되었고, 99.8%가 참여한 투표율에 99.5%의 득표율로 니야조프는 당선되었다.[52)] 그 다음 선거는 1996년에 이루어지게 되어있었는데, 국민들은 1994년에 그를 재신임하고 2002년까지 임기를 보장해주었다. 공식기록에 따르면, 이때의 선거결과는 99.9%의 찬성으로 나타났다. 이후에 그는 1999년에 국민평의회(국회)의 만장일치로 종신대통령으로 추인되면서, 독재 체제를 완성했다. 니야조프 대통령은 국가 통치를 원활하기 위한 목적으로 민족주의와 민족 정체성을 강화했다. 우선 그는 투르크멘 민족 문화와 상징성을 복원하고자 시도했다. 독립한지 채 3개월도 되지 않은 시점에 지방도시 고크-테페(Gok-Tepe)를 방문했다. 이 도시는 1879년 러시아군대를 격퇴한 상징적인 지역이었는데, 차르 러시아에 저항한 민족정신을 높게 평가하여 거대한 박물관을 건축하겠다고 선언했다. 대통령은 자신을 우상화시키는 작업도 병행했다. 니야조프는 우선 "투르크멘 사람들의 아들"로 언론에서 선언되었다.[53] 그는 이후에 '투르크멘바시'(투르크멘의 아버지)로 추앙되었다.

니야조프 대통령

니야조프 대통령은 국민의 환심을 얻기 위하여 1993년 이후로 350만 명의 국민들에게 무료로 가스를 사용할 수 있게 하는 조치를 내렸다. 투르크메니스탄 독립일을 국가 공휴일로 지정하기도 하고 몇 개의 경축일을 새롭게 정하면서 민족성을 고양하고자 했다. 국가의 지명이나 거리 등도 새로운 이름으로 교체되었다. 대통령의 사진이 걸려있는 대형 초상화가 거리 곳곳에 나부끼기 시작했다. 포스터에는 '투르크멘바시'라는 글도 함께 실렸다. 대통령 그 자신은 국가 독립의 상징으로 선전되었다. 국가의 공식 표어는 '할크, 바탄, 투르크멘바시'(국민, 조국, 아버지)로 정해졌다. 민족 정체성의 일환으로 대통령 자신이 전면에 등장했다. 언론에도 '대통령의 말 한마디는 곧 법이다'라는 문구가 등장했다. 대통령에 대한 종교적 숭배가 1990년대에 이루어졌고 1994년에 의회는 대통령의 생일을 국가 공휴일로 지정했다.

그는 2002년 자신의 어록집 '루흐나마'(靈의 책)을 발간했다. 이 책은 투르크메니스탄에선 구약성경이나 코란과 동등한 권위를 갖고 있다. 위대한 알라신의 계시를 받아 루흐마나를 집필한 니야조프는 위대한 선지자로 불렸다. 1년을 12개월에서 8개월로 새롭게 개편했고, 각 달을 자신과 자신의 어머니 이름을 따서 부르도록 했다. 2001년엔 오페라와 발레, 연극, 영화 등의 예술을 금지했다. 또 자신의 정책을 비판하는 것은 무조건 반역죄로 규정하고 야당이나 언론의 자유란 아예 존재할 수 없고 TV와 라디오, 신문은 모두 국영이다. 그러나 2006년 12월 니야조프는 심장병으로 급사함으로써 투르크메니스탄은 새로운 변화에 노출됐다. 현재는 그의 심복인 구르반굴리 베르디무하메도프가 대통령으로 통치하고 있다. 현 지배세력의 결속력이 강해 민중봉기 등을 통한 급작스런 체제 변화는 없으리라는 게 일반적인 전망이다. 민족주의와 민족 정체성은 결과적으로 권위주의식 산물이며, 투르크멘 민족주의는 민주주의 정립과는 절대적으로 역행되는 현상을 보였다.

타지키스탄 민족주의[54] 및 민족 정체성

1991년 타지키스탄이 독립하자, 이 지역에서는 나름대로 공산집권 세력이 상징하는 구시대적 유물을 청산하고 독립 이후 새로이 출발하는 조국의 진정한 정치적, 경제적, 사회적 개혁이 이루어지기를 희망하였다. 개혁주의자들의 주된 슬로건은 개혁세력에 대한 탄압 반대, 타지크어와 이슬람으로 대표되는 전통문화의 보호였다.[55] 개혁 지향적인 세력은 이슬람 전통주의 및 원리주의와 결탁

했는데, 타지키스탄의 이슬람은 민족 정체성에 나름대로 영향을 끼쳤다. 이슬람 원리주의 세력과 시민 그룹이 공산주의 정부에 반대해 봉기해 내전이 일어났기 때문이다. 역사적으로 타지키스탄의 민족주의는 1924년에 타지키스탄공화국이 소연방에 강제적으로 편입되면서 시작된다.[56] 타지키스탄의 민족성은 독립 이후 내전을 거쳐, 이슬람 원리주의 세력과 시민 그룹, 과거의 공산주의 정권과의 연합 정부의 국가 건설 과정 중에 지속되고 있다고 하겠다.

타지키스탄 내전과 민족주의 관점

내전을 통해서 나타났던 민족주의 관점은 크게 두 가지로 나타난다. 첫째, 지역주의에 기반을 둔 민족주의이다. 이는 1992-1997년 내전이 벌어지는 과정에서 나타난 형태의 민족주의였는데, 반정부군은 과거 구 공산권 세력을 중심으로 하는 나바예프 대통령의 완전 사임을 요구했었다.

둘째, 타지키스탄 내부의 민족주의가 국제적 갈등으로 비화되는, 특히 중앙아시아에서 전통적 라이벌 관계에 있었던 우즈베키스탄에 대항하는 이념으로서의 민족주의로 나타났다. 내부적, 외부적 민족주의가 이 국가에 나타난 배경은 러시아와의 역사적 악연이 그 원인이다. 타지키스탄의 민족주의는 영토 분쟁에 따른 갈등 요소로 발생했기 때문이다. 이 나라는 국토의 90%를 세계의 지붕인 파미르 고원이 차지하고 있고, 남쪽으로 아프가니스탄, 동쪽으로는 중국, 북쪽으로는 키르기스스탄과 우즈베키스탄에 접해있다. 1917년 볼셰비키 혁명 이후에 타지키스탄은 투르키스탄 자치국과 부하라 인민사회국으로 양분되었다가 1924년에 이 두 집단이 통합되어 새로운 타지키스탄 자치국이 탄생해 우즈베키스탄에 편입되었다. 이후 1929년에 이르러서야 타지키스탄공화국으로 분리되고 소연방에 편입된다. 타지크 민족이 소련으로 흡수된 사건은 고대의 전통적인 타지크 민족 문화와의 완전한 절연이었다.[57]

스탈린의 전횡적인 국경 획정으로 타지키스탄과 우즈베키스탄은 민족 갈등에 직면하게 된다. 이는 소련 외상을 지냈던 몰로토프의 증언에서도 밝혀지고 있는데, 그에 따르면 국경 획정은 '전적으로 스탈린의 행위'[58]라는 것이다. 중앙아시아에서 스탈린이 취한 행위는 마치 식민지시대의 아프리카를 프랑스, 영국 등 제국주의 국가들이 국경을 마음대로 획정하고 지금의 아프리카 종족 분쟁을 유발한 사건과 흡사하다. 그 결과로 타지키스탄도 전통적이고 역사적인 도시의 상실, 인구의 집단적인 분산, 무리한 잣대로 인구를 구획하는 등의 민족문제가 발생했다.[59] 성스럽고 문화적인 도시인 사마르칸트와 부하라를 상실하였다는 것은 파리가 없는 프랑스나 마찬가지라는 해석이다.[60] 타지크족의 다수가 거주하던 사마르칸트와 부하라는 우즈베키스탄공화국의 영토가 되었다. 타지키스탄 북부 '후잔트'는 원래 과거 우즈베크인들이 많이 거주하였으나, 타지키스탄 영토로 확정되었다.

타지키스탄은 1991년 9월 9일 독립한 이후에 정권 교체가 몇 차례 있었다. 이슬람과 민주개혁 세력이 연합하여 비록 내전의 형태였지만, 공산당 출신 장기 집권자인 나비예프를 권좌에서 축출했다. 1992년 봄, 수도 두샨베에서 대규모의 이슬람주의자들과 민주주의자들의 연합세력이 당시 나비예프 정권에 반대한 궐기가 일어난 이후 가을에 내전이 벌어졌고 그 직후 나비예프 대통령은 사임했다. 그해 11월에 임시정부가 출범하였다. 러시아의 지원 하에 라흐모노프 대통령의 공산 정권이 집권하였으나 1992-97년간 공산정권과 이슬람 반군간의 내전이 지속되었다. 1997년 6월 유엔과 러시아의 적극적인 외교적 중재 노력으로 모스크바에서 평화정착 및 국민화합을 위한 제반 협정이 체결되고 동년 9월에 반군 지도자의 두샨베 입성으로 NRC(국민화합위원회)가 가동하여 정치적 안정을 추구하고 있다.

'파얍 포루히'가 언급하듯이 타지키스탄의 민중의 변천사를 통한 민족 정체성의 형성과정을 보면 매우 특이한 상황을 알 수 있다. 그는 두샨베의 '레닌아바드' 지역에 거주하는 일단의 생존 노인 그룹을 예로 들고 있는데, 이들의 출생지는 과거 중앙아시아 지역인 러시아 투르키스탄이며, 1920년대에 우즈베키스탄 소비에트 사회주의 공화국의 시민이 되었다. 이후 이들은 1929년에 타지키스탄 소비에트 사회주의 연방공화국에 소속되었다. 타지키스탄이 독립한 이후인 1991년에 노인들은 새로운 타지키스탄 구성공화국의 시민이 되었는데, 이 사실이 타지키스탄 민족주의를 상징적으로 보여주고 있다는 것이다. 이 사람들 대부분은 자신들의 마을이나 도시에서 벗어나지 않는 삶의 형태를 보여주고, 국가 운명의 역사와 결부되어 자신의 조국은 일생동안 3번씩이나 바뀌어졌다.

키르기스스탄 민족주의 및 민족 정체성

키르기스스탄은 중앙아시아의 어떤 국가보다도 먼저 개방을 단행했다. 미국의 정치 경제적 영향력이 가장 강한 나라이며 종교적으로도 비교적 개방적인 입장을 취하고 있는 나라이다. 키르기스스탄은 카자흐스탄과 더불어 가장 적극적으로 자유경제체제를 도입하였다. 키르기스스탄은 독립 이후에 어느 정도의 사회적 다원주의를 유지하였던 나라이다. 키르기스스탄은 카자흐스탄과 같이 연성 권위주의로서 나름대로 개방적인 분위기로 국가가 운영되었다. 독립 이후 키르기스스탄은 민족적 갈등을 겪었다. 우즈베크 민족이 키르기스스탄 내의 지방인 '오시'에 밀집 거주하고 있어 두 민족 간의 분쟁이 있었다. 키르기스스탄 내의 우즈베크 사람들의 분포는 10% 정도로 그렇게 높은 비율은 아니다. 그러나 이들이 대부분 키르기스스탄의 남서부인 오시 지방에 집중적으로 살고 있다.

두 민족의 분쟁은 독립 이전인 1989년부터 심각해졌다. 오시 지방에 거주하는 우즈베크 그룹을 '아달라트'라고 불렀는데, 그들은 오시의 우즈베키스탄 자치구를 인정해 줄 것과 우즈베키스탄으로의 합병을 요구하였기 때문이다. 오시에 살고 있는 키르기스인들도 이에 반대하는 '오시-아이마기'(오시-조국) 그룹을 조직, 이에 강력히 대응해 나갔다. 급기야 두 민족 간의 유혈 충돌이 발생해 320명이나 되는 사람들이 사망하는 불행한 일이 발생했던 것이다. 오시 분쟁은 아직도 양국의 미해결 과제로 남아있다.

한때 '민주주의의 섬'으로 불렀던 키르기스스탄도 점차 시간이 흐르면서 아카예프 대통령의 권위주의가 강화되면서 각종 비리 문제가 불거지기 시작했다. 서구 평론가들은 키르기스스탄에 대해 "민주주의의 섬이었지만, 점차로 환상 산호섬이 되었고, 지금은 암초일 뿐이다."라는 평가를 하기도 했다. 키르기스스탄은 2005년 4월의 레몬혁명에 의하여 아카예프가 대통령직에서 물러나고 바키예프 대통령이 2005년 7월 10일 89%의 득표율로 새로운 대통령에 선출되었다. 레몬혁명의 와중에 바키예프 대통령은 키르기스스탄 시민혁명의 발상지인 남부지역의 지지를 기반으로 하고 있었다. 대통령 선거에 나온 상대방 후보인 쿨로프는 북부지역을 기반으로 하고 있어 민족 간의 내부적 갈등이 일어났다. 그리고 남부지역은 우즈베크인들이 집중적으로 거주하고 있고, 북부지방은 키르기스인이 많이 살고 있어 민족 간의 심각한 갈등이 불거졌다. 그러나 2012년 알마즈벡 아탐바예프 대통령이 선출된 이후 현재 정치적 정세는 안정적이다.

문화인류학적으로 키르기스 민족은 카자흐족, 투르크멘족과 더불어 중앙아시아 민족 중 전통적인 유목 민족에 속한다. 반면에 우즈베키스탄과 타지키스탄은 정착민족으로 분류된다. 우즈베크 민족과 키르기스족의 갈등 원인을 연구가들은 우즈베크 민족이 스스로를 중앙아시아 민족 중에서도 상위 민족으로 간주하고 있으며 이는 그 자신들이 역사적으로는 칭기즈 칸의 후예이며, 티무르 제국의 계승자로 중앙아시아의 실질적인 지배자로 여기고 있다는 사실 때문이라는 것이다.[61] 이러한 관점에서 본다면, 키르기스스탄내에서의 우즈베크 족과 키르기스족의 갈등은 민족 정체성의 역사적 기원으로 설명이 가능한 부분이다. 중앙아시의 대표적인 정착 민족인 우즈베키스탄의 민족 정체성은 '우즈베크'라는 단어로써 하나의 상징화가 되어있다. '우즈베크 칸'이라는 개념을 다른 중앙아시아 종족보다도 더 상위적인 개념으로 인식하고 있는 우즈베키스탄 민족 정체성의 개념이 바뀌지 않는 한 민족 사이의 갈등은 여전히 지속될 것으로 보인다. 키르기스스탄의 민족주의를 통해서 알 수 있는 것은 각 민족의 정체성을 규정할 때에는 상호 민족 간의 역사적 기원도 주요 변수가 될 수 있다는 점이다.

4. 중앙아시아 민족 정체성 전망

중앙아시아의 민족주의 및 민족 정체성은 독립 이후 5개 공화국에서 다양한 방식으로 발전해 갔다. 각 국가마다 특수성이 있고 국가 사이의 양자적, 다자적 관계에 따른 민족주의적 특성이 나타나고 있지만, 공통적 요인도 동시에 존재하고 있다.

첫째, 중앙아시아의 권위주의에 따른 민족 정체성 요인이다. 독립한지 20년 이상 경과된 중앙아시아는 완전한 독립 공화국으로 정착하지 못한 관계로 인해 국내 정치는 권위주의로 흐르고 있다. 정치지도자들은 자신들의 권위주의적 통치를 원활하기 위한 목적으로 자국민들에게 역사적 부분, 정치 분야, 사회 분야 등을 통해 민족주의 요소를 강화하였다. 또한 러시아와 군사 안보적 측면에서 아직도 밀접한 관계가 있고, 과거 소연방 시절의 강대국 위상을 회복하기 위해 러시아가 중앙아시아에 대한 절대적인 관심을 가지고 있다 하더라도 중앙아시아 지도자들은 자민족인 주류 명목민족의 정체성 강화에 적극 나서고 있는 상황이다. 이는 정권 안보 차원에서 지도자들이 선택한 방식이라고 할 수 있겠지만, 이에는 러시아나 소비에트 문화와 근본적으로 다른 중앙아시아 문화의 독특성이 존재하기 때문에 가능한 것이다.

둘째, 러시아－슬라브 영향력에서 탈피하고 이를 극복하기 위한 과정에서 민족주의가 강하게 등장했다는 사실이다. 중앙아시아 민족은 공통적으로 민족 정체성 고양을 위한 방법으로 과거 러시아로부터의 영향력을 벗어나는 국가정책이 적극적으로 시행되어 왔다. 이는 정치적, 역사적, 사회적, 문화적으로 오랜 시간동안 지배당한 종속 관계에 있어서 새로운 국가 정체성을 찾기 위한 세계사적 모델이 될 수 있으며, 이 사실은 중앙아시아 민족주의나 민족 정체성 연구가 왜 중요한 것인지 대변해 주는 대목이다.

중앙아시아 민족주의를 논할 때 결정적인 요인은 이 지역이 아직도 민주주의가 정착되지 않았다는 사실이다. 즉 정치적 권위주의와 아직 서구적 민주주의의 양식에 전혀 적합하지 않은 국가 체제가 각 주류 민족의 민족성 강화에 하나의 기능으로 나타나고 있다. 투르크메니스탄과 우즈베키스탄의 강성 권위주의와 대통령의 독재 등은 여전히 이 국가들의 민족주의적 요인에 큰 변수가 되고 있다. 전통적인 언어정책이 변화하고 있고, 이슬람도 원리주의의 등장으로 다양한 변수가 등장하고 있는 실정이다. 민족주의 내지는 민족문화가 강화되는 측면이 있다. 주류 명목 민족이 선택하고 있는 국가강화는 시대적 필연이다.

세계사의 커다란 변혁의 시기에 놓인 중앙아시아는 앞으로도 지속적으로 민족주의 혹은 민족 정체성 세우기(nation-building)에 적극적으로 나설 것으로 전망된다. 이런 변화에 가장 큰 영향을 미칠 요소로는 중앙아시아의 권위주의식 통치가 어떤 다양성 속에서 국민들의 민족성 강화에 영향을 미치는 것인가가 될 것으로 보인다. 또한 중앙아시아의 민주주의가 민족주의와 어떠한 상호 요인을 가질 것인지도 매우 주요한 변인 요소가 된다. 아직도 불씨가 꺼지지 않고 있는 중앙아시아의 이슬람, 특히 원리주의가 중앙아시아의 각국에서 국내적으로, 혹은 각 국가 간에 양자간, 다자간으로 어떠한 영향을 미칠 것인지도 중요한 변수가 될 것으로 판단된다. 중앙아시아 각국은 나름대로 특수한 민족적 특수성과 역사적 기원으로 인해 변별적인 민족주의의 차이점이 존재하고 있기 때문이며, 이는 앞으로도 이 지역에 대한 민족성 연구가 지속적으로 이루어져야 할 당위성을 제시해주고 있다.

III. 우즈베크 – 카자흐 민족 정체성

1. 우즈베크 – 카자흐 민족건설 및 의미

1991년 소연방 해체 이후 유라시아 지역에 새로운 국제질서가 형성됨에 따라 중앙아시아는 강대국의 전략적 이해관계가 충돌하는 지정학적 요충지로 부상하고 있다. 중앙아시아는 현재 국가건설 및 민족건설의 발전 과정에 있다. 이 지역에서는 독립 이후 국가 정체성이 강화되고 있는데, 이런 맥락에서 민족의 과거 영웅, 국가의 상징적 인물, 다양한 문화적 상징, 민족의 신화, 그리고 자국의 언어 정체성이 강조되는 문화 정책이 시행되고 있다. 이러한 움직임은 1991년 독립 이후 본격화되었고, 중앙아시아 각국의 국가 정체성의 방향성에 따라 중앙아시아에 대한 전략적 관심을 가지고 있는 강대국들의 대외 정책 방향이 설정되고 있는 상황이다.

중앙아시아 국가들은 새로운 민족 이데올로기 창출이라는 시대적 과제를 가지고 있으며, 1991년 독립 이후 지난 20년 동안, 소련의 해체에 따른 이데올로기의 공백을 메우고 국가가 주도하는 새로운 이데올로기를 창출하기 위해 문화 기호, 문화 상징화 도입에 애썼다. 즉 전통적 종교인 이슬람 부흥의 장려, 자국 민족의 언어를 강조하고 명목 민족어를 국가의 공식어로 채택하는 등의 문화 정책, 역사적 신화 창조, 기념비적 도시, 과거 민족의 위대성에 대한 복원, 국가 기념물 등을 강조하면서 민족건설 및 국가건설이라는 강력한 사회적 집합을 시도하였다.

중앙아시아는 기본적으로 이슬람 등 종교적 가치, 투르크성의 민족 주체성의 전통 문화, 정주 문화와 유목 문화의 다양성이 존재하는 지역이다. 중앙아시아 각국은 유사한 민족 정체성의 특성도 지니고 있지만, 국가 발전 경로는 다른 방식으로 진행되었다. 중앙아시아에는 공통의 문화적 유산이 존재한다. 그러나 이들 국가들을 일률적 잣대로 해석할 수 없는 이유는 이슬람과 투르크성이라는 중앙아시아 특유의 공유된 문화성이 있지만, 몽골과 러시아라는 거대 제국의 지배적인 문화 영향력이 아직까지도 영향력을 미치고 있기 때문이다. 우즈베키스탄과 카자흐스탄이 추구하는 국가건설 방향이나 이념은 변별성을 가지고 있다. 이 두 국가의 전통적 관습에는 차이가 있다. 역사적으로 15세기 국가건설 과정에서 몽골의 전통인 유목 문화의 관습을 더 강하게 수호했던 민족은 카자흐 민족이었고, 이에 반해 우즈베크 민족은 일찍이 정주 문화의 관습을 상대적으로 더 강력히 수용하였다.

러시아는 18세기 이후 중앙아시아를 정복하기 시작하였고, 그 이전 중앙아시아의 핵심적 지배 민족은 몽골이었다. 중앙아시아 사회를 전체적으로 이해하기 위해서는 몽골 문화가 중앙아시아에 끼친 일정한 역사적 유산이 규명되어야 한다. 중세에 강력한 지배 국가로 등장한 몽골의 유산은 차가타이 칸국의 지배로부터 기원한다. 차가타이 칸국의 역사적 유산이 매우 중요한 이유는 바로 오늘날 중앙아시아 민족의 형성과 분화 과정이 차가타이 칸국으로부터 진행되었기 때문이다. 우즈베크와 카자흐 민족은 차가타이 칸국의 전통적 문화의 영향으로부터 분화의 과정을 거쳤고, 15세기 이후 개별적 민족성의 형태로 발전해 나갔다. 즉 정주 문화와 유목 문화의 분화 과정은 15세기 이후 각각의 민족 정체성의 특성으로 발전해 나갔다. 이 과정 속에서 생성된 '차가타이 정체성'은 중앙아시아 민족들의 개별적 분화를 의미한다. 차가타이칸국이라는 공동의 칸국, 공동의 사회적 공간에 합류되어 있던 우즈베크와 카자흐는 18-19세기까지 우즈베크 민족그룹과 카자흐 민족으로 명확히 분할되었다. 중앙아시아 민족들의 정체성은 몽골의 정치적, 문화적 유산에서 시작해 지속성을 가지면서 러시아의 중앙아시아 정복까지 이어졌는데, 중앙아시아는 몽골 제국보다도 더 강력한 근대적 국가인 제정러시아의 통치를 받게 된다.

제국은 합법적이든, 비합법적이든 약소민족에 대한 지배권을 확립하려고 한다. 제정러시아도 18세기 표트르 대제 이후 공식적인 제국의 시대로 접어들면서 제국의 확장을 시도하였다. 이미 16세기 모스크바공국(Muscovy) 시기에 과거 몽골이 지배하던 지역으로의 영토 확장에 성공한 러시아는 표트르 대제 시기부터 러시아의 유럽화를 적극 추진, 제국의 기반을 다지게 되었다. 19세기는 외부 팽창의 절정기로 러시아는 특별히 접경 지역을 중심으로 세력권을 넓혀 나갔다. 러시아가 시베리아로 영토 확장을 시도하면서, 인근 지역인 중앙아시아도 자연스럽게 러시아의 지배권 속으로 포함되기 시작했다.

러시아의 표트르대제

제정러시아의 중앙아시아 지배는 특별한 역사적 의미를 가진다. 중세 시대 몽골 제국의 유산을 경험한 중앙아시아가 근대 시기에 들어와서 일정하게 서구화된 러시아제국의 강력한 통치 체제에 흡수되었다. 과거 '칭기즈 칸'의 통치라는 아시아적 전제정치가 중앙아시아의 중세를 규정하였다면, 러시아제국의 지배는 중앙아시아의 근대적 유산의 총합체로 작용하였다. 러시아의 지배는 중앙아시아 사회 내에 지적 엘리트의 탄생이 이루어지는 배경이 되었다. 그들이 중앙아시아의 근대화를 위해 노력한 지식인이든, 혹은 반러시아적 인식과 저항의식을 지닌 정치적 투쟁가이든, 혹은 이슬람 사제로, 정신적, 영적 세계의 지도자로 자신의 삶을 영위하였든지 간에, 제정러시아의 역사적 유산은 중앙아시아 역사와 문화의 특별한 요소로 작용하였다.

본 글은 중앙아시아 국가 정체성은 다양한 문화 정체성의 특성에 결정적 영향을 받고 있다는 전제 하에서, 중앙아시아의 역사에서 매우 강력한 문화적 영향력을 미친 몽골제국과 러시아의 역사적 유산에 관한 고찰을 유목 문화와 정주 문화의 특성을 통해 역사, 전통, 문화 제(諸)부문에서 포괄적으로 분석하는 것을 목표로 하고 있다.

중앙아시아는 몽골과 러시아의 역사적 유산이 어떤 방식으로든지 집결된 지대(地帶)이다. 중앙아시아의 역사적, 사회적 공간은 앤서니 스미스가 언급하는 '민족적', '족보(계보)적' 요소가 총합적으로 이루어진 경계 지역이다. 라이팅은 문화의 3가지 형태를 인종적 특성(Ethnonationality), 종교(Religion), 씨족(족보, clan)적 요소로 분류하고 있다. 인종적 특성은 공동의 문화와 언어, 그리고 역사와 그 유산을 공유하는 형태이다. 종교는 독트린에 근거한 이데올로기나 사회적 정체성이다. 씨족 정체성은 아시아, 아프리카, 중동 등 반(半) 모더니즘 사회에 나타나는 문화적 요소라고 설명한다.[62]

본 글은 라이팅의 해석에 근거하면서, 씨족, 종족, 그리고 아직도 완전한 형태가 아닌 모더니즘 사회에 일정한 영향력을 끼쳐왔던 몽골과 러시아의 역사적 유산이 중앙아시아 사회에 어떤 방식으로 투영되었는지를 규명하는 시도이다. 즉 중앙아시아의 문화적, 부족적, 씨족적 특성을 중심으로 제국의 팽창 시기에 중앙아시아의 민족문화의 구성 요소를 중심으로 역사적 논증과 담론을 제기할 필요성이 대두되는 것이다.

2. 중앙아시아 문화 유형 : 우즈베크와 카자흐 민족의 역사적 분화 과정

중앙아시아는 인류의 가장 오래된 역사 가운데 하나의 위치를 차지하고 있다. 이 지역은 유목민족 제국사의 끝없는 침략, 전쟁의 역사로 이루어졌고 이러한 과정을 통해 나름의 문명을 창출해왔다. 중앙아시아의 실크로드는 중국과 유럽의 상업 무역이 가장 안전하게 통과되는 그런 지역이었다.[63] 즉 이 실크로드를 따라 다양한 문화의 교류와 반복된 침략의 역사로 비록 투르크 민족이 가장 많은 다수를 차지하였음에도 불구하고 혼성적, 이질적인 인구 구성이 이루어졌다.[64] 우즈베크와 타지크 민족은 정착 문화를, 남서 중앙아시아 거주민인 투르크멘 민족과 아시아 스텝 지역에 거주하던 카자흐와 키르기스 민족은 유목 문화 정체성을 가졌다. 중앙아시아는 다양한 문화 양피지의 흔적이 남아있던 지역이다. 오늘날의 정치적 관점에서 본다면, 중앙아시아의 핵심 민족은 우즈베크와 카자흐 민족이다.

차가타이 정체성과 중앙아시아

몽골제국은 점령한 지역에 총독 분할 통치제도를 채택하였는데 칭기즈 칸으로부터 역사적 후손으로 전승된 주요한 칸국은 이란의 일한국, 러시아와 카자흐스탄 스텝지역의 '울루스 주치', 중국의 '유연 왕조', 중앙아시아의 차가타이 칸국 등이었다. 중앙아시아의 유목민족과 정착민족의 역사적 분화 과정은 중앙아시아에 존립했던 차가타이(Chagatay) 칸국의 국가적 특성에서 일정 부분 기원한다.[65] 차가타이 칸국 이후의 우즈베크 민족 그룹과 카자흐 민족의 국가 기원이 어떠한 변별성을 가지고 있는지를 규명한다면, 이 칸국의 역사적 정체성에 대한 이해가 더욱 더 명확해진다. 차가타이 칸국이 세운 공동체의 핵심지대는 중앙아시아였다. 즉 소위 '투르키스탄'(Turkestan)의 서부 및 동부에서 알타이 지역까지 포함된다. '차가타이 칸국'은 칭기즈(Ghenghis) 칸의 둘째 아들인 차가타이의 통치 지역에서 기원한 명칭이었다. 그가 다스린 땅은 이시크 쿨과 일리 강의 중심 지대이며, 트란속시아나(Transoxiana)에서 중앙아시아의 무슬림 지역을 포함했다.[66]

차가타이 칸국의 역사

차가타이 칸국은 14세기에 결정적으로 붕괴되었는데, 이 국가의 붕괴는 이슬람으로 개종한 칸국의 지도자인 '타르마쉬린 칸'(Tarmashirin Khan, 1326-34) 제위시기에 촉발되었다. 그는 무슬림으로 개종하였으며, 이슬람 문화와 동화된 정책을 추진하였는데, 전임 칸들이 추구한 전통적인 몽골 관습을 포기하고 정주 방식을 채택했다. 이후 차가타이 칸국의 지도자 그룹은 2개로 분열되었다. 중앙아시아의 동쪽 지역은 칭기즈 칸이 추구한 몽골 전통을 따랐고, 노마드(유목문화) 생활양식을 지속하였다. 이와는 별개로 칸국의 서부 지역은 '울루스(Ulus) 차가타이'(1334-1370)로 알려졌는데, 이곳에는 차가타이 칸국의 영토 중에서 핵심적인 농업 중심지가 속해있었다. 이에 따라 몽골 귀족과 그들의 전통적인 추종자들은 동쪽 지역의 전통적 유목 문화 방식을 고수하였고, 서부의 울루스 차가타이 후손들은 정착 문화의 유형을 선택하였는데, 무슬림으로 개종하는 서부 거주민들의 숫자가 늘어났고, 페르시아어와 투르크어의 이중 언어를 사용하였다.[67)]

차가타이 칸국은 14세기 초에 하나로 통합되었다가 1340년대에 동과 서로 분열되었다. 이러한 분열과 혼란을 극복한 인물이 차가타이 가문 바를라 가의 티무르(Amir Timur)였다.[68)] 즉 울루스 차가타이에서 1370년에 새로운 지도자가 등장했는데, 그가 티무르제국을 건설한 티무르였다. 1336년 출생한 그는 투르크계 가문 출신이며, '투르크-몽골'의 전통으로 새로운 제국을 건설하였다. 스텝 지대에서 유목 문화의 관습을 가진 유목민들이 정착민족화의 과정을 거친다는 의미는 몽골 세력의 종료를 의미한다. 덧붙여, 정착민족에 대한 위협적 존재로서의 유목민족의 전통적 역할은 이제 종식되었다는 것을 함의한다.[69)]

몽골 유산은 비록 완전히 종식되지는 않았지만, 티무르제국 시기에 이미 정착 문화의 유형이 발생하기 시작했고, 이 사실은 중앙아시아에 새로운 지배적 문화 유형이 발생한 것으로 해석할 수 있다. 티무르를 가리킬 때에 가장 중요한 용어가 '울루스 차가타이'이다. 티무르의 행적 연구에 울루스 차가타이는 핵심적 의미를 가지고 있는데, 울루스 차가타이에서 티무르는 권력을 쟁취하였고, 그의 전 인생을 통한 통치 영역의 핵심도 울루스 차가타

티무르제국 창건자 티무르

사마르칸트의 티무르의 묘(http://navercast.naver.com/contents.nhn?contents id=1986)

이였다. 차가타이 칸국의 구조와 정치적 유형은 몽골의 전통이었던 군사력의 지배와 카리스마적 리더십이었으며, 이를 통해 통치 후반기에 중국에 맞서는 강력한 권력을 행사하였다. 비록 티무르는 정복 사업을 위해 후반기 인생을 '울루스' 밖에서 보내기도 하였지만, 통치 초기에는 몽골의 유산인 노마드 그룹으로 울루스 연합 구성체를 조직하였다.[70] 그러나 르네 그루쎄(Rene Grousset)가 지적하듯, 티무르를 중심으로 하는 사마르칸트의 헌신적 무슬림들의 눈에 차가타이는 반 우상숭배자들로 보였고, 차가타이에 대한 티무르의 전쟁은 무슬림 성전(聖戰)의 측면도 존재하였다. 차가타이조는 14세기 초에 이슬람으로 개종하였고, 여전히 그들은 몽골 문화를 지니고 있었다.

중앙아시아에서의 차가타이 칸국의 유산

티무르는 페르시아와 호레즘(Khorezm)을 정복하였다. 그는 칭기즈칸의 직접적 후손은 아니었지만, 몽골의 정치적 전통을 기초로 국가를 통치하였다. 그러나 그는 몽골의 전통을 뛰어넘어 이슬람을 강력히 수용하면서 중앙아시아에 이슬람세계라는 새로운 역사적 길을 열어놓았다. 티무르의 통치와 그의 후계자 시대에 울루스 차가타이의 투르크–몽골인들은 특권적 위치를 유지하면서 강력한 군대의 주력부대를 이루었다. 이 그룹의 명칭도 역시 '차가타이'로 명명되었다. 새로운 통치 민족 그룹의 역사적 유산은 몽골이라는 의미였다. 차가타이 칸국의 명칭은 칭기즈 칸의 아들인 차가타이에서 유래되었다. 그러므로 이 명칭 자체는 티무르가 이 지역을 강력히 다스리고 있었다고 하더라도, 특별히 티무르 제국에 적용되지는 않았다. 차가타이라는 용어는 몽골 전통을 따르는 지도자들이나 추종자들이 광범위하게 사용하였다. 차가타이는 국가 명칭으로 사용되었으며, 이 용어 자체는 매우 긍정적인 의미로 받아들여졌다.71)

티무르의 등장 이전에 이미, 울루스 차가타이는 정착 문화의 유형을 보여주고 있었는데, 티무르제국은 이를 근간으로 하여 15세기까지 정착 문화의 유형과 정체성을 지속했다. '차가타이 칸국'은 가장 보수적 형태의 국가였고, 초기 몽골 울루스 중에서도 중앙집권화가 강력히 형성되지 않은 국가였다. 이 칸국은 엄밀한 의미에서 몽골제국 내에서 유일하게 순수한 유목국가였으며, 영농 국가 전통과 유목민족 전통이 서로 갈등하는 불안한 나라였다. 정착 문화와 영농 국가 전통은 서로 연관성을 가지고 있으며, 이를 추구한 세력은 이슬람을 종교정체성으로 하고 지역적으로는 투르키스탄과 스텝 서부의 트란속시아나를 지배하고 있었던 그룹이었다. 즉 그 형식적인 통치 계층은 몽골족 출신이었지만, 실질적 세력은 투르크계가 차지하였는데, 제국 내에 사마르칸트와 부하라 같은 비교적 큰 도시도 존재했으나 당시에는 정착화 되지 않았다. 특이하게도 정복지역 내에 거주하는 주민의 대다수는 유목 혹은 半유목 생활을 하는 투르크족이었다. 몽골족의 원래 거주 지역을 제외하면 피정복 민족과 정복 민족이 동일한 전통을 소유하고 있던 유일한 지역이었다.

15세기 몽골제국의 시기는 매우 특별한 시기였는데, 이는 몽골 역사의 전환기였기 때문이다. 몽골은 14세기 이후로 점진적으로 강력한 제국의 모습을 상실해 나가기 시작했다. 15세기에 들어 모스크바공국에 대한 지배권을 상당 부분 상실하면서 제국의 강력한 위치가 흔들리기 시작했다. 이제 과거 몽골 제국이 다스리던 영토에는 새로운 민족 정체성이 부각되었다. 15세기 이후 과거 제국의 영토에 결정적 변화가 일어났다. '칭기즈 칸'은 몽골제국의 가장 근본적이고 기초적인 역사적 유산이다. 이 가계는 재배치되었다. 즉 15세기 유목민족제국사에는 다양한 동맹체와 연합체로 칸국이 재분할되기 시작되었다. 새로이 분화된 칸의 공동체는 단지 왕조뿐만 아니라 다양한 종족 및 씨족 구성원들이 제 각각의 분할 과정을 거치면서 새로운 공동체 정체성이 형성되기 시작했다. 차가타이, 모굴(Moghul), 체트(Chete) 등의 이름은 차가타이 칸국의 분리된 그룹의 명칭인데, 이는 차가타이의 후손들로부터 파생되었다. 15세기는 중앙아시아 역사에서 매우 중요한 시점이며, 분화된 민족 그룹의 정체성이 부각된 시기였다. 세계 제국으로서의 몽골의 위치가 약화되는 것과 동시에, 중앙아시아에 새로운 민족그룹이 출현할 수 있는 계기가 되었으며, 카자흐 민족과 우즈베크 민족이 새로운 정체성을 가지고 국가 발전을 형성할 수 있었던 이유는 차가타이 칸국의 내부에서 진행되던 정치적 투쟁 때문이었다. 오늘날의 우즈베키스탄, 카자흐스탄 국가를 이루던 과거의 '우즈베크', '카자흐' 명칭은 러시아 남부 초원지대의 동쪽에서 발원된 이름이며, 원래 이들은 칭기즈 칸의 장자인 '주치'(Jochi)의 가계에서 파생되었다. 차가타이 칸국에서 발원된 '차가타이'와 '모굴'이라는 명칭은 역사 속에서 사라졌지만, 우즈베크와 카자흐 민족의 정체성은 몽골의 유산에서 나타나 있다. 민족 정체성은 현재까지도 지속적이다.

중앙아시아에서의 민족 형성을 이해하기 위해서는 전통적으로 충성심이라는 문화적 관점에서 접근해야 한다. 유럽의 근대 국가발전과 다른 측면이 분명히 있다. 중동지역은 다양한 문화의 변천을 통한 동화의 과정이 있었다. 중앙아시아에서의 투르크-몽골인들은 자신들의 영역을 정착민으로부터 조심스럽게 분리시켜왔다. 차가타이는 그들의 혈통과 가깝지만 생활양식은 다른 또 다른 차가타이 이웃에게 경멸적 용어인 chete를 사용했다. '동'의 의미는 특이하게도 유목문화의 지대이며, 민족의 충성심을 전통적 기반으로 가지고 있는 영역이다. 전통적 유목민들은 이를 미덕으로 여겼다. 카자흐는 자신들의 노마드 문화를 매우 특별히 강조하였다.

우즈베크와 카자흐 – 정주민족과 유목민족의 분화 과정

여기에서 하나의 문제 제기는 '우즈베크'와 '카자흐'라는 명칭은 어떻게 지금까지도 역사 속에서 살아서 존재하며, 이 민족그룹의 분화 과정은 어떤 방식으로 진행되었으며, 그 역사적 전통성에 대한 해석은 무엇인가 하는 점이다. 몽골의 노마드 문화는 세계 제국의 근원적 동인이었지만, 새로운 민족 분화의 주요 이데올로기 동인은 정착 문화로의 변화 과정과 연관된다. 15세기 이후 중앙아시아의 주요 영역은 투르크-몽골 민족 유형의 역사적 전환으로 정의될 수 있을 것이다. 과거 몽골 세력 전성기에는 몽골 지도자들이 투르크계를 지배하는 통치계급이었다. 그러나 강대 제국으로서 몽골 세력은 약화되었고, 15세기 이후 중앙아시아 분화과정에서 몽골계와 투르크계 정착민족 사이에는 일상적 교류가 활발히 진행되었다. 그들은 정착 문화를 도입하면서, 도시생활뿐만 아니라 농업에 종사하는 이들과도 가까운 공생적 관계를 구축하였다. 새로운 문화를 채택한 몽골 지도자들은 자신들의 공동체에 경제적, 정치적 이익을 가져다주었지만, 몽골 전통과는 점진적으로 결별하게 되었다.

차가타이 칸국의 역사적 분화와 투르크 민족

전체적으로 차가타이 칸국에 의해 유목 문화와 정착 문화 유형의 분할이 생성되었다고 한다면, 우즈베크 그룹과 카자흐 민족 그룹의 민족적, 국가적 형성 과정과 차가타이 정체성의 상관관계는 어떻게 해석되어야 하는가? 중앙아시아 문화 유형의 분화가 차가타이 정체성의 핵심이다. 차가타이 정체성에 사용되는 가장 일반적인 명칭은 '투르크'라는 용어이다. 이는 일종의 정착 문화의 의미로 응용되었다. 차가타이 칸국 이후, '투르크' 정체성은 매우 중요한 민족 형성의 요소가 되었는데, 정주 문화와 노마드 문화로 분화되었다. 카자흐 민족과 투르크멘 민족은 기본적으로 몽골 유목 문화의 전통을 추구함으로써 정착 민족의 특성과는 배치되었다. 몽골 전통이라는 노마드 문화 추종 그룹과 그렇지 않은 민족 그룹의 문화 유형이 구별되기 시작했다.

14세기와 15세기를 거쳐, 투르크-몽골의 전통적 그룹에 독립적 정체성이 형성되면서, 상호 간에 상이한 차이점을 보인 2개의 그룹으로 분류되었는데, 이 그룹이 바로 '우즈베크'와 '모굴'(Moghul)이었다. 모굴은 대부분 동쪽 차가타이 칸국에 속한 그룹의 이름이다. 이들은 14세기 '타마르쉬린 칸' 시대에 분리되었던 그룹이며, 보수적인 노마드 생활양식을 소유한 그룹이었다. 일반적으로 동 차가타이에 소속된 사람들은 '모굴'로 명명되었다. 그리고 '체트'(Chete)라는 용어로 부르는 경우도 있었는데, 이는 부정적인 의미로 사용되던 용어였다. 즉 이 용어의 의미는 강도를 의미하거나 훈련이나 질서가 결여된 종족그룹이란 뜻이었고 느슨한 통치 구조를 보여주거나 혹은 빈번한 갈등 관계에 있는 그룹을 지칭하는 의미로 사용되었다.

그렇다면 우즈베크 민족 그룹의 정확한 의미는 무엇이 될 수 있을까? 우즈베크는 차가타이보다 더 포괄적인 용어이지만, 정확하게 그 용어의 기원이나 특징을 밝히기가 매우 어렵다. 우즈베크는 정착 민족이라는 의미로 간주되지만, 이 용어는 또한 정착 문화에 동화된 노마드로 인식되기도 하였는데, 이 용어도 비하된 의미로서 투박한 노마드로 해석되기도 하였다. 즉, 우즈베크는 정착민족의 의미보다는 노마드 문화를 가리키는 열등한 의미로 사용되었다. 우즈베크는 노마드나 세미-노마드로 지칭되기도 하였다. 우즈베크 민족 그룹에는 티무르 제국의 거주민을 포함하고 있었다. 아제르바이잔의 지역 통치자는 자신들과 비우호적인 티무르제국의 군대를 지칭할 때 '우즈베크'라는 용어를 사용하였다는 기록이 있다. 우즈베키스탄의 창건자인 '아불 카이르'(Abu'l Khayr) 칸이나 '무함마드 샤이바니'(Muhammad Shaybani)는 우즈베크라는 이름을 사용하지 않았다. 우즈베크는 이웃에 의해 자유스럽게 명명된 명칭이다. 15-16세기 샤이바니의 정복 시기에 티무르와 모굴의 관련자들은 샤이바니의 스텝 추종자들을 우즈베크라 명명했고, 그들을 모굴, 차가타이, 카자흐와 엄격히 분리시켰다. 17세기 후반기에 우즈베크라는 용어는 우즈베크 칸국의 투르크-몽골 거주민들의 왕조가 아니라 지역 부족민들을 부르던 용어로 통용되었다.[72] 그러나 우즈베크가 가장 빈번히 사용된 부분은 동 울루스 주치 계통을 상징할 때였다. 울루스 주치는 칭기즈 칸의 장자인 주치의 후손들을 의미한다. 즉 지금의 중앙아시아에는 유목민 전통의 몽골제국의 경계 밖에서 거주하던 정착민 투르크인들과 이미 정착민으로 거주하던 페르시아 인들이 존재하고 있었다. 이후 17세기 후반기에 우즈베크라는 용어는 우즈베크 칸국의 투르크-몽골 거주민들의 왕조가 아니라 지역 부족민들을 부르던 용어로 통용되었다.

우즈베크 민족 형성과 분화

그렇다면 우즈베크와 카자흐 민족의 형성은 어떤 방식으로 이루어졌을까? 15세기 새로운 칭기즈 칸의 지도자는 '울루스 주치'에서 탄생되었다. 1428년에 주치의 아들 샤이바니의 자손인 아불 카이르가 지금의 중부 및 북부 카자흐스탄 지역을 중심으로 우즈베크 칸국을 형성하였다. 그렇다면 우즈베크는 어떠한 경로로 정주문명을 받아들이게 되었으며, 그 배경은 어디에 있었던 것인가? 아불 카이르 칸은 1430-31년에 티무르제국의 지역인 호레즘으로 진입하면서 티무르제국을 정복하였다. 그는 통치 중심지로 시르다리야(Syr Darya) 중류 동쪽에 위치한 시그낙을 선택하였는데, 이것이 정주문화를 가지게 된 배경이었다.

아불 카이르 칸은 칭기즈 칸의 네 아들 중 맏아들인 울루스 주치(Ulus Jochi)의 후손이었다. 그는 중앙아시아의 동쪽 지역에 추종자들을 규합하였고, 1428년에 스스로 칸으로 선포하면서 한동안 우랄에서 '시르다리야'의 북쪽까지 세력권 안에 넣었으며, 우즈베크 칸국의 역사적 형성은 이로부터 시작되었다. 1450년대에 아불 카이르 칸은 오이라트(Oirat)에 심각한 패배를 당하였다. 그 결과로 칭기즈 칸의 후예들인 두 명의 지도자, 즉 '자니벡'(Janibeg)과 '케레이'(Kerei) 등 또 다른 주치 계통의 지도자들은 아불 카이르 칸에게 등을 돌리고 새로이 세력을 규합하였다. 이들은 1460년대 중반에 자신들을 지지하는 부족들과 함께 西무굴리스탄 에서 아불 카이르의 영토로 이동하였다. 아불 카이르는 이들에 대한 정벌에 나섰다가 1468년 쟈니벡과의 전투에서 전사하였다. 우즈베크와 카자흐 간의 정치적 대립은 15세기가 끝날 때까지 지속되었다.[73] 아불 카이르 칸이 우즈베크 민족

몽골 칭기즈 칸

그룹을 이끌었다면, 쟈니벡과 케레이가 카자흐 민족을 이끌었다. 물론, 이 민족들의 정치적 그룹의 정체성은 외부적으로 명백하게 형성되지는 않았다. 다만 정치적 측면에서 분리된 그룹으로 분화되기 시작하고 점진적으로 정착 문화와 유목 문화로 구분되어졌다.

아불 카이르 칸의 영향력이 급속히 상실된 이유는 어디에 있었을까? 그것은 당시에 그에 저항하는 분위기가 형성되기 시작하고 아불 카이르와 구별되는 또 다른 칭기즈 칸 라인의 리더십 아래에서 부족의 자주성을 유지하고자 하는 열망에 의해 새로운 지도자들이 출현하였기 때문이다.[74] 아불 카이르에 대항하는 그룹을 지칭할 때에 사용되던 용어가 투르크어로 Qazaqa(혹은 Qazaq-Uzbeks)였는데, 이는 변절자라는 의미이다. 아불 카이르는 그들을 공격하였으나 패배했고 1468년에 죽었다. 쟈니벡과 키레이는 추종자들과 함께 북쪽으로 가서 아불 카이르 칸의 대부분의 지역을 점령하였다. 그럼에도 불구하고, 아불 카이르 칸의 원래의 동맹체는 건재했다.

아불 카이르 칸의 지위는 손자인 '무하마드 샤이바니'에 의해 계승되었다. 그는 어린 시절에 트랜스속시나의 티무르와 모굴의 보호

하에 추종자들과 함께, 티무르 제국에 속한 부하라시에서 2년 정도 보냈다. 16세기 초에 샤이바니 칸은 군대를 집결했는데, 규모는 5만 명에서 6만 명 정도였다. 많은 병사들은 여전히 카자흐 민족의 관습대로 살고 있었지만, 이 시기에는 전격적으로 아불 카이르 방계로 편입되었다. 군대의 힘을 빌려 샤이바니는 티무르 후손들로부터 트란속시아나를 쟁취하고 새롭고도 더욱 더 합법적인 칭기즈의 국가를 선포하였다. 바로 이 국가가 우즈베크 칸국의 시초가 되었고, 러시아의 중앙아시아 정복까지 지속되었다.

샤이바니와 함께 북쪽 스텝지역에서 내려온 거주민들은 샤이바니가 일정한 시간을 보내었던 트란속시아나의 주민들과는 구별되었다. 정착민족으로서 우즈베크는 투르크어와 페르시아어 등 2중 언어를 사용하였다. 그러나 우즈베크 민족은 투르크어 중심의 언어를 보다 더 광범위하게 구사하였다. 여기에서 현재의 투르크멘 민족은 차가타이와 명백히 분리되어있었고, 전통적으로 투르크멘은 서쪽(오구즈) 투르크에 속했는데, 몽골의 중앙아시아 점령이전에 투르크권인 셀주크 제국과 중동으로 이주한 부족들의 후손이었으며, 동 투르크족과는 구별되었다. 이 시기에 중동에는 대 투르크멘 연합체가 존재했다. 몇몇 부족은 티무르 제국과 연합하였지만, 일부 부족연맹체는 티무르제국에 반대하였다.

카자흐 민족의 분화와 형성

트란속시아나를 점령하던 시기에 케레이와 쟈니벡은 노마드 추종자들과 함께 북쪽 스텝 지역에 머물러 있었다. 이 연합체는 분리된 왕조의 이름이 아닌 카자흐로 명명되었다. 카자흐 민족은 신중하고 보수적인 유목 생활을 영위하였다. 이때부터 우즈베크라는 용어는 초원 지대의 노마드로 인식되지 않고, 트란속시아나 지역 주위의 샤이바니 칸의 리더십에 포함된 그룹을 지칭하게 되었다. 우즈베크와 카자흐 칸의 지리적 경계는 사르다리야 강의 북쪽 경계로 정해졌다. 키레이와 쟈니벡은 우즈베크 칸국의 지역으로부터 '데쉬트 이 킵착' 스텝 지역으로 이주했는데, 그곳에서 그들은 카자흐 칸국이라는 독립적인 정치적 단위를 발전시켰다. 몇몇 부족과 종족들은 우즈베크 칸국의 혼란으로부터 벗어나 카자흐 칸국에 합류하였다. 16세기 초에 카자흐 칸국은 일종의 연맹체 성격을 가지고 있었는데, 투르크, 몽골, 훈족의 역사적 기원과 유산에서 비롯된 노마드 문화 유형으로 국가 체제가 형성되었다. 당시 카자흐 칸국의 인구는 약 1백만 명 정도였다. 이 칸국의 지리적 경계는 서쪽의 카스피해, 동쪽으로는 중국의 북서 지대, 러시아를 접경으로 남시베리아, 그리고 북쪽으로는 남부 시르다리야 강이 경계였다.[75]

카자흐스탄 알마티 소재 모스크 – 〈필자 촬영〉

16세기 이후 우즈베크와 카자흐 민족의 분화

16세기에 들어와 중앙아시아 거주민들은 우즈베크와 카자흐 민족으로 이전보다 더 분명한 형태로 분화되기 시작했다. 우즈베크 민족 그룹이 정주 문화의 생활양식을 수용함으로써 중앙아시아 거주 민족들의 역사적 분할은 가속화되었다. 전통적인 유목문화의 형태를 가진 중앙아시아의 역사에 있어서 우즈베크 민족이 선택한 문화 양식은 다른 민족들과의 근본적인 차이점을 유발하였는데, 남서쪽의 투르크멘 민족과 아시아 스텝 지역의 카자흐, 키르기즈 민족은 유목 문화 양식을 지속하였다. 16세기 카자흐 민족의 카심 칸은 다음과 같은 말을 남겼다.[76]

> 우리는 대초원의 사람들이다. 우리의 양식은 말고기이다. 우리의 영토에는 정원이나 건축물이 없다. 우리의 오락은 우리의 가축들을 돌보는 일이다.

그가 이러한 언급을 한 것은 정주 민족의 지도자로서가 아니라 유목민족의 통치자로서의 입장으로 대변된다. 즉 몽골 노마드 문화의 전통성에 더 가까운 형태의 역사성을 강조하였던 표현이다. 카자흐 민족은 몽골 차가타이 칸의 역사적 유산이던 유목 문화의 전통을 수호하였다. 카자흐 민족은 자신의 혈통이 차가타이 가계의 방계에 속하거나 왕조에 속하였든지 상관없이 정치적 충성도가 민족 정체성 형성에 더 중요한 역할을 담당했다. 현대 유럽 정체성의 가장 핵심적 요소인 언어, 공통의 문화, 민족적 기원과 역사적 장소는 카자흐 민족에 있어서는 부차적 역할과 기능을 하였는데, 즉 독립적 리더를 중심으로 구성원들의 연합과 통합은 이루어진다. 노마드 민족 연합체는 보다 더 집단적 충성을 보이면서 전체의 통합을 이루며, 모든 구성원들의 지속적인 동의로서만 그 통치방향성이 설정되며, 이러한 연합을 이루기 위해서는 왕조, 동맹체, 그리고 국가에 대한 충성심과 공통의 정치적 문화가 필요하였다. 노마드 문화는 정치적인 통치영역에 있어서 상호 관계성의 문화이며, 집단 구성원 간에 동의가 요구되는 정치적 문화로 규정될 수 있다. 즉 노마드 문화의 핵심적인 특성은 한 명의 강력한 통치자에 복종하며, 그 통치자의 능력에 따라 그를 따르는 그룹의 운명이 결정된다는 점이다. 이러한 측면에서 지도자에 대한 충성심은 노마드 문화에서 더욱 더 짙게 나타난다. 이러한 전통적인 충성심은 현대 카자흐스탄에 있어서도 강력한 지도자에 의해 영향력을 받는다는 것을 의미하기도 한다.

중앙아시아 거주민들은 기원적으로 칭기즈 칸의 후손들이었다. 우즈베크로 대표되는 중앙아시아의 정주민족과 카자흐로 대표되는 유목민족의 분화 과정은 수세기 동안 지속된 역사적이고 문화적 유산으로 정의될 수 있을 것이다. 정착민족과 유목민족의 사회적 공간은 러시아가 카자흐스탄을 지배하던 18세기까지 분화의 과정을 지속했다.

3. 러시아제국의 유산과 중앙아시아 민족 정체성

제정러시아의 로마노프 왕조가 건국되기 이전 모스크바공국은 몽골 제국의 가장 서쪽에 있는 골든 호르드의 역사적 유산의 계승자로, 사실상 몽골의 전통적 지배 체제인 정치적 구조와 이데올로기를 국가적 유산으로 흡수하면서 제국의 기초를 이루어나갔다. 주지하듯, 1453년에 콘스탄티노플이 오스만 제국에 붕괴된 이후에 모스크바공국은 로마와 그리스의 유산을 합법적으로 요구하기 시작했다. 무엇보다도 이 제국은 '모스크바 제3로마이론'을 통해 비잔틴과 유럽의 유산을 국가통치의 이데올로기로 포함시키고자 하였다. 로마노프왕조가 등장하기 이전에 러시아는 매우 위험한 국란의 상태에 있었는데, 17세기 로마노프 왕조의 건국 직전, 러시아의 혼란의 시기에는 심지어 칭기즈 칸의 자손들이 러시아를 정복할 가능성이 있었다.

모스크바공국의 통치자들은 이국의 땅을 정복했다. 모스크바공국 통치자들이 원래의 자신들의 땅보다 더 확장하면서 쟁취한 지역은 과거 골든 호르드(Golden Horde: 킵차크 한국)가 점령하던 땅이었다. 특이한 것은 모스크바공국의 초기 통치자들은 몽골 제국의 휘장이나 상징물을 이용했다는 사실이다. 러시아가 동으로 세력권을 확장해나갔다는 것은 몽골제국의 북쪽 지역을 러시아가 정복했다는 의미이다. 모스크바공국이 새롭게 정복한 지역 엘리트들은, 자신들의 땅이 모스크바 공국의 점령지가 되었음에도 불구하고 땅에 대한 권리, 과거의 신분, 그리고 지역 수장으로서의 권한을 계속 유지하였다. 모스크바공국이 팽창하던 시기에 칭기즈 칸의 역사적 유산은 완전히 소멸되는 과정을 거치지는 아니했다. 과거 칭기즈 칸의 권력자들은 새롭게 충원되던 신 엘리트들 사이에서 여전히 과거의 몫을 유지하는 능력을 보여주었다. 새로운 시대와 새로운 제국의 시대에도 피지배민족의 엘리트들은 여전히 세력을 형성하며, 비록 새로운 제국이 출현함에도 불구하고 과거의 일정한 역사적 전통은 합법적 유산으로 남아있었다.

17세기 로마노프 왕조 이후 러시아는 새로운 방향성을 설정했다. 로마노프 왕조의 건국으로 유럽을 향한 창문, 즉 유럽화의 세기가 본격 도래했다. 17세기 러시아는 제국주의 팽창에 대한 합법성의 이념을 제시하였다. 러시아에 인접한 민족들은 점차로 러시아에 동화되거나 이방이라는 문화의 딱지가 붙기 시작했다. 17세기 이후 표트르대제는 이방 민족들을 종교적 권력기호로써 지배하고자 하였다. 러시아가 점령한 지역의 몽골, 타타르의 귀족 지도자들은 러시아정교도라는 완전하고 새로운 문화 기호로 변화해야만 했다. 즉 이들은 러시아 제국주의 틀 속에서 자신의 신분을 유지하는 방식을 선택하게 되었고, 이를 거부한 귀족들은 자신의 기득권이 상실되는 운명을 맞이해야만 했다. 예카테리나 2세는 종교적 관용성을 강조하면서도 문명화하고 정착된 민족과 유목문화를 가진 민족을 차별화 시키는 정책을 펼쳐나갔다. 러시아 내에서도 몽골 통치 시대에 강력한 문화 기호로 존재한 몽골 전통의 유목문화와 생활 관습은 여전히 존재하였다. 그러나 제국의 통치는 이 지역을 근본적으로 변화시켰다. 즉 과거의 왕조, 국가, 민족의 전통성과 역사성, 자기 정체성은 점진적으로 희박해지는데, 그 근본적 원인은 제국주의 통치에 있었다. 러시아라는 문화권력자는 노마드 사회를 위험하고 낙후된 사회로 간주하고 있었다. 즉 러시아는 유목 민족들을 역사의 주변부에 속한 민족으로 간주하였다. 소위 '노마드 주변부'는 거대 도시를 가지지 못하였고, 이슬람 수용도 매우 늦게 이루어졌다. 기본적으로 유목민족은 샤머니즘 의식을 가진 이슬람 수피주의자들에 의해 이슬람을 받아들였다.[77] 이런 관계로 이슬람은 노마드 민족들에게는 덜 조직화 되었고 이슬람 이전의 혼합 종교와 혼성된 형태를 보여주는데, 이는 유목 문화의 기본적 특성이었다.[78]

부족 충성도는 정주 사회인 우즈베크보다도 카자흐 등 유목 사회에서 더 강하게 나타났다. 중앙아시아 사회 내에서 우즈베크는 정착민족이었고, 중앙아시아의 중심부 지역에 속했으며, 주변부 사회의 유목문화권과 상호 활동이 빈번하였다. 비주류에 속한 유목민족들은 정착 민족의 칸국을 침범하는 경우가 있었다. 그러나 정착 민족의 칸국이 강력한 국력을 행사하고 있었던 시기에 카자흐 칸국은 우즈베크 칸 민족과의 상업 활동을 중시하였는데, 18세기 제정러시아의 카자흐스탄 정복이 시작되기 전까지 이러한 일은 반복되었다. 18세기에 제정러시아는 카자흐 민족에 대한 정복을 시작했다. 중앙아시아에서 가장 먼저 러시아에 지배를 당한 민족은 카자흐였다. 18세기 중엽 카자흐스탄에 러시아 군사 요새가 건설되면서 러시아는 제국의 남쪽으로 확장을 하기 시작했다.

근대시기의 카자흐 민족

러시아가 중앙아시아를 정복하면서 먼저 맞닥뜨린 민족은 카자흐였다. 중앙아시아를 본격적으로 정복하던 19세기 이전 세기인 18세기에 러시아는 지금의 카자흐스탄 일부 지역에 군사요새를 건설하면서 군사적 지배권을 가졌다. 그 후 러시아는 19세기 북카프카스를 정복하고 본격적으로 중앙아시아 정복에 나서 1873년에 부하라 칸국, 히바 칸국, 1875년에 코칸드 칸국을 점령했다. 이 칸국들은 16세기 이후부터 러시아에 합병되는 19세기까지 봉건적, 전통적 정치, 사회구조였으며, 통일국가를 이루지 못하고 분열되어있었는데, 우즈베크 등의 다양한 부족연합체나 종족, 씨족 연합체가 칸국의 정치적 구조를 형성하였다.

정착민족과 유목민족의 사회적 공간은 러시아가 카자흐스탄을 지배하던 18세기까지 분화의 과정을 지속했다. 그리고 그 이후 카자흐 민족의 자치 지대는 협소해졌다. 19세기 전체의 시기 동안, 과거의 카자흐 칸국의 지역은 4개의 대행정 단위로 분리되었는데, 이는 결국은 제국러시아의 보호국으로서의 지역 구분이 이루어졌다는 의미였다. 즉 북과 동쪽 지역인 스텝 지대와 오렌부르그 지구, 투르키스탄, 그리고 아스트라한 지구가 그 단위이다. 과거의 카자흐 영토는 이러한 지역적 구분으로 인해 남과 서쪽 지역이라고 할 수 있는 접경지대인 러시아와 우즈베키스탄 지역과 혼재되어 확실한 지역적 경계가 이루어지지 않았다. 식민주의적 관료주의의 침입, 그리고 이 지역으로의 러시아 농민들의 이주는 초기에는 서서히 진행되었지만, 19세기의 마지막 10년간은 매우 활발히 이루어졌다. 기존의 카자흐 유목민들과 더불어 이 지역은 매우 혼잡한 인구 양상을 띠게 되었다. 러시아 정착 농민들의 이주가 진행되면서 전통적인 카자흐 민중의 목축 시스템에는 재앙적인 결과가 초래되었던 것이다.[79]

러시아 제국주의 연구의 탁월한 학자인 리예벤은 세계사에서 16세기와 20세기 사이의 대표적인 사건을 기독교 세력과 정주 민족 공동체의 확장으로 보고 있는데, 이는 무슬림과 노마드 민족, 그리고 무속 신앙을 신봉하는 공동체의 희생을 통해 이루어졌다고 주장하고 있다.[80] 러시아는 이러한 부분에서 매우 결정적 역할을 담당한 국가라고 할 수 있으며, 이를 가능하게 하였던 것은 유럽의 발달된 기술력과 조직력 등이었다. 제국러시아의 이민족 정복은 매우 공격적이고 무자비한 지배 방식이 동원되었다.[81]

4. 제국의 유산과 카자흐 문화 유형

중앙아시아는 1991년 이후 역사상 처음으로 독립 국가가 되었고,

국가건설과 국가발전 전략이라는 현대사의 새로운 실험을 진행 중에 있다. 그렇다면 포스트소비에트 시기에 어떠한 문화적, 민족적 측면 때문에 중앙아시아에서의 러시아의 역사적 유산에 관한 논의를 시작해야 하는 것일까? 이미 상기에 언급했듯, 중앙아시아 민족주의나 민족 정체성은 많은 부분이 러시아와 소비에트의 과거 유산으로부터 벗어나기 위한 방향으로 진행되고 있다. 중앙아시아 민족 정체성을 찾기 위한 작업이 중앙아시아 각국의 기본적인 국가 전략의 골격이라고 할 수 있는데, 러시아제국의 점령 시기와 소연방 붕괴 이전까지 중앙아시아 민족의 독립이나 그에 준하는 자치적 권한이 가능한 국가 건설의 분명한 목표가 중앙아시아 사회에서는 분명히 존재하지 않았다.[82]

볼셰비키 혁명 초기에 레닌은 새로운 국가 경영 철학에 반제국주의를 분명히 하였고, '이성적인 국제주의'(rational internationalism)[83]로서 민족의 자유와 해방을 주장했었다. 한편으로는 소비에트 시스템은 사회주의적 가치를 공유하는 정치문화를 가진 국제주의를 고양한다는 것과 다른 측면으로는 중앙아시아 민족주의자들과 민족 공동체의 의식을 일깨운 역할을 일정한 부분 보여주기도 하였지만, 포스트소비에트 시기에 중앙아시아는 러시아와 소비에트의 유산에서 벗어나고자 하는 국가적 열망을 보여주고 있다. 즉 민족건설의 핵심 요소는 러시아와 소비에트 시대의 영웅이나 신화를 거부하는 인식에서 출발하였다. 중앙아시아 국가건설에 있어서 탈러시아화, 탈소비에트화는 핵심적 문화 모티프로 기능하였다. 카자흐 민족은 유목 문화적 전통성을 가지고 있다는 사실이 포스트소비에트 시기에 들어와서도 여전히 강조되고 있다. 이에 대해 힐다 헤이첸은 다음과 같이 언급하고 있다.

카자흐인들은 수세기동안 유목민들이었다. 갑자기 우리들은 세계의 다른 국가들의 기준과 규범을 따르면서 세계화 시대의 기능 만능주의의 일부가 되어있음을 인식하고 있다. 현실은 과거의 우리 조상들의 유목문화에 부끄러움의 흔적을 남겨주고 있다. 유목문화의 전통성을 반대하는 용어인 '야만인'의 역사적 문화성과 '기술 만능주의'의 현재성에는 간격이 존재한다. 카자흐 지식인들이 직면하고 있는 현실은 이러한 차이를 새로이 채우는 일이며, 이는 우리 민족의 시대적 과제이다. 모든 카자흐인들은 우리의 조국이 노마드 전통에 속하고 있다는 사실에 대해 자랑스러워해야 한다.[84)]

상기의 언급을 통해서 본다면, 카자흐스탄은 포스트소비에트 시기에 과거의 전통성을 강조하고, 유목 문화의 관습에 대한 나름의 정당성을 강조하였다. 그렇다면 몽골 차가타이 정체성의 전통적 특성을 중앙아시아 민족 가운데서 가장 근접하게 유지하고 있던 카자흐 민족 정체성이 어떠한 역사적 전통성과 민족 문화를 형성하고 있는지, 그리고 그 유목 문화의 전통적 특성이 어떠한 기원에서 유래되고 있는지를 규명하는 일은 중앙아시아와 러시아의 역사적 관계를 파악하는 데 매우 중요한 연구 작업이 될 것으로 보인다.

카자흐 민족의 예(例) – 역사의 기억, 씨족, 그리고 문화 정체성

국가건설과 민족건설의 국가적 현안 문제를 해결하기 위한 카자흐 민족의 정체성이 최근 학문적 관심의 대상으로 부각되고 있으며, 이에 관한 많은 저작들이 출판되고 있다. 민족 정체성 혹은 민족주의는 포스트 소비에트 국가들에게 공통적으로 건설되고 있는 사회적, 문화적 현상이다. 민족성(nationality, nation-ness)은 민족주의(nationalism)와 더불어 '문화적 산물'(cultural artefacts)이다. 베네딕트 앤더슨이 강조하고 있는 민족주의는 민족공동체를 포함한 모든 공동체를 문화적으로 구성된 존재로 파악하고 있다. 즉 그의 해석에 따르면, 상상의 공동체는 공동된 과거의 역사를 가지며 일종의 신화적 창조로 형성된다. 이러한 신화를 통해 구성원들끼리 역사적, 문화적 유대 및 운명이 공유되며 현재적인 상호 믿음이 창조되는 것이다. 이러한 과정을 통해 민족의 일체감이 형성된다는 주장이 베네딕트 앤더슨이 제기하고 있는 문제의식이다.[85]

카자흐 유목 문화의 전통성과 정주 문화와의 역사적 논쟁

러시아는 18세기에 카자흐스탄에 군사요새를 건설하면서 과거 몽골제국의 역사적 공간으로 진입하였다. 이 시기는 카자흐 민족과 우즈베크 민족의 분화가 많이 이루어진 시점이었다. 18세기까지 중앙아시아의 주체 민족들은 각각의 민족적 경계 내에서 민족 발전을 형성해 나가고 있었다. 카자흐 민족의 기원은 불분명하지만, 체질적으로 그들은 남시베리아의 몽골족에 속하며, 언어학적으로는 투르크어군이며, 사용 언어는 아랍어, 페르시아, 몽골어 그리고 러시아어 영향을 받았다. 카자흐 민족의 종교적 세계는 크게 두 가지 믿음의 형태인데, 하나는 애니미즘으로 통칭되는 원시종교 형태이며, 다른 하나는 원시종교가 점진적으로 이슬람화 되어 민족 정체성의 근본적 요소로 발전했다는 사실이다. 15세기 중반기에 카자흐 칸국(Kazakh Khanate)이 형성되었으며, 이후 카자흐 민족은 중앙아시아 사회의 독특한 발전 경로를 거쳐 갔다.[86]

카자흐 민족은 알라쉬-칸(Alash-Khan)이라는 카자흐의 옛 선조에 기반하고 있으며, 역사적으로 2천년 이상의 노마드 문화 요소를 간직하고 있다. 노마드 문화(Nomadism)는 지금의 카자흐스탄 사회에서 완전한 형태로 보존되어있지 않다고 하더라도 이 민족 스스로 창출하는 이미지의 형태로 전승되고 있다. 그렇다면 어떠한 형태로 카자흐 민족의 노마드 문화가 엘리트들에게 인식될 수 있었을까? 19세기 중엽 이후 러시아가 점진적으로 중앙아시아에 대한 제국주의 팽창을 시도하던 과정에서 카자흐 민족도 식민주의 압력을 강력히 받기 시작했다. 이 과정에서 민족 엘리트들에게 관심이 높았던 범투르크주의와 더불어 유목 문화가 카자흐 신엘리트들의 관심의 대상으로 부각되었다.

카자흐 엘리트들은 역사적, 시대적 전통성과 문화 인식에 눈을 뜨기 시작했다. 유목 문화는 정원문화(pastoral), 목초지문화이다. 카자흐에는 전원생활이 지배적 문화 유형으로 나타나고 있다. 수세기동안, 카자흐 공동체는 전원이라는 일정한 규범으로 규정되어졌다.[87] 제정러시아의 정복 이후 소비에트 문화로 급속도로 편입한 카자흐 지식인들도 있지만, 카자흐의 전통성과 유목문화의 자연적 심성을 강조하는 지식인들도 존재했다.

효과적인 생태학적 적용 시스템인 목초지는 카자흐 정체성의 구조를 형성하였다. 이는 공동체 안에서나 공동체 상호간에 사회적 관계를 유지하는 데에 응용되었다. 덧붙여, 경제적 활동으로서 정원은 '가장 일반적 정체성'으로서 카자흐의 경계를 구별 짓게 하는 카자흐성과 동등한 문화적 요소이다. 유목문화는 유목민족제국사의 시기에 광대한 공간을 배경으로 몽골 등 유목민족의 문화적 특성으로 전승되었다. 유목민족에게 있어 목초지는 경제적 활동 공간이며, 카자흐 민족의 전형적인 생활 규범이었고 실제적인 문화 공간이었다. 즉 장구한 세월 동안 카자흐스탄 공동체 내에서 전원과 유목 요소는 발전적인 과정을 거쳐나갔다. 카자흐 칸국의 다양한 부족 및 계보가 카자흐 계통 분할의 조직 내에서 결정적 역할을 하고 있

카자흐스탄 아스타나 소재 한샤트리(유목민 관습을 본떠 만든 건물) - 〈필자 촬영〉

는데, 목초지의 분배나 유산 분배 등을 통해 계보의 전통적 경향이 강하게 나타나고 있다. 카자흐 민족의 이러한 특성은 정착 민족의 유형과 변별적으로 발전한 문화요소로 평가된다.

카자흐사회의 근대성

카자흐 전통 사회에 대한 제정러시아와 소비에트의 관점은 무엇이었을까? 카자흐 엘리트들과 제정러시아의 통치자들은 카자흐 사회의 유목문화의 전통적 가치 이외에 정주 문화에 대한 새로운 관점을 제기하기 시작했다. 즉 20세기 소비에트 당국도 카자흐 엘리트들에게 카자흐 민족의 전통성인 유목 문화에서 정주 문화로의 점진적인 변화를 요구하였다. 이러한 요구는 일반적인 카자흐 전통성과는 배치되는 개념이었다. 민족적 강화를 희망하는 엘리트들에 의하여 카자흐 내부 사회에서 유목사회에 대한 논쟁은 자주 제기되었다. 즉 유목문화가 카자흐 민족의 정체성에 매우 중요한 요소라고 주장하는 전통주의자들이 있는 반면에, 러시아가 카자흐 민족을 정복한 이후 유럽적 근대화의 관점에서 본다면, 유목 사회는 카자흐 민족 발전을 저해하는 문화 요소라고 주장하는 엘리트 그룹도 있었다. 제정러시아의 카자흐스탄 정복으로 카자흐 민족의 내부는 어떤 식으로든지 새로운 변화에 직면하게 되었고, 새로운 개념의 카자흐 정체성이 발전될 가능성이 제기되었던 것이다. 사실상 제정러시아는 전원생활과 유목문화라는 전통적 특성을 가지고 있던 카자흐 민족의 생활 관습을 전체적으로 변화시켰다. 어떤 측면에서든지 카자흐 민족 정체성의 전통적인 측면은 투르크성, 유목민 전통, 이슬람, 그리고 땅에 대한 열정적인 애정으로 대변된다. 카자흐 문화 정체성에서 유목 문화와 더불어 나타나는 핵심적 문화 요소는 '쥬즈'인데, 이는 부족의 혈통이 강조되고 지역의 경계를 포괄하는 의미로 해석되며, 유목 문화와도 밀접한 연관성이 있다.

20세기 초기 당시 카자흐 민족의 지배층이었던 알라쉬-오르다당을 중심으로 카자흐 엘리트 그룹은 카자흐 칸국의 경제적, 정치적 발전을 추진하면서 민족 부흥의 국가 요소로 유목 문화에서 탈피한 정주 문화 방식을 고려하였는데, 이 같은 분위기는 당시 카자흐 민족의 미래 발전을 위한 엘리트들의 국가건설 방식의 하나였다.[88] 카자흐 칸국을 지배한 제정러시아의 역사적 존재 자체가 카자흐 유목민족의 전통적 삶의 형태를 변화시켰다. 카자흐 사회가 아닌 외부에서 등장한 제국의 세력이라는 정치적 변인 요소는 카자흐 사회라는 역사적, 구체적, 정형화된 실체의 민족 내부에 영향을 미치기 시작했다. 시대의 변화 앞에 카자흐 지도자 그룹은 자신들의 문화적 정체성에 대해 어떠한 선택을 내려야 할 것인지를 놓고 고민하였다. 이러한 배경은 18세기부터 시작된 러시아의 카자흐 민족에 대한 정복으로부터 비롯된 것으로, 카자흐 지식인들은 조국의 시대적 과제와 엘리트들의 역사적 임무에 대해 상당한 고민을 가졌다. 특히 중앙아시아의 지식인들은 당시 서유럽의 자본주의 발전 과정보다 현저히 뒤떨어진 자국의 산업화를 촉진시키기 위해 러시아의 숙련된 기술자들에 의존했다. 그러나 19세기말 20세기 초에 카자흐 민족주의는 강하게 형성되지 아니하였고, 심지어 대다수 국민들은 문맹이었고, 근대화 과정에서 소외돼 있었다. 소위 민족국가의 형성은 서구 국가들에 비해 매우 뒤쳐져 있었었고, 카자흐 민족 주체성은 지식인 그룹 이외의 영역에서 폭넓게 존재하지 않았다.

쥬즈에서 나타난 카자흐 민족의 문화 유형

카자흐스탄의 이전 국가인 카자흐 칸국은 3개 지역으로 크게 분류되었는데, 이는 3개의 부족 통합체가 존재한다는 의미이다. 17세기 중엽에 카자흐 민족은 3개의 '쥬즈'(Zhuz)로 이루어지고 있었다. '쥬즈'를 호르드(Horde)로 표기하는 경우도 있다. 대쥬즈는 발하쉬 호주변에서 시르강 하류, 중쥬즈는 카자흐 중부 초원지방, 소쥬즈는 아랄해 북부초원으로 지역적인 구분이 되어 있었다.[89] 즉 '울리(Uly) 쥬즈'를 Greater Horde, '오르타(Orta) 쥬즈'는 Middle Horde, '키쉬(Kishy) 쥬즈'는 Lesser Horde로 구분되었다. 오늘날의 지역 구분으로 본다면, '울리 쥬즈'는 카자흐스탄의 남동부나 남부, '오르타 쥬즈'는 중부, 북부, 동부 지역이며, '키쉬 쥬즈'는 서부와 남서부 지역이다.

쥬즈는 카자흐 칸국의 창건자인 키레이와 쟈니벡이 설립한 국가 연합체이며, 칭기즈 칸의 군사 및 정치 조직 시스템을 답습하는 시스템이다. 즉 카자흐 민족과 우즈베크 민족이 분화하기 이전에 차가타이 칸국이라는 몽골의 유목 문화 특성은 쥬즈의 형태를 통해 지속적으로 카자흐 민족에게 전승되었고, 쥬즈는 유목 문화의 성격에 부합되는 지역 연합체인 것이다. 지금의 카자흐스탄 지역은 13세기에 몽골제국에 흡수되어 있었고, 몽골 전통은 정착민족인 우즈베크보다는 카자흐 민족에게 더 강하게 연결되어 있다. 각각의 '쥬즈'는 대부분 계보에 근거한 부족 및 씨족의 형태로 구성되어 있고, 정치적, 군사적 자치권도 동시에 소유하고 있었다.

세 쥬즈의 구성에 대해서는 이견이 있지만, 대쥬즈는 10개 부족의 연합체이며, 가장 먼저 형성되었고, 소쥬즈는 혈연공동체의 성격이 강한 씨족연합사회였다. 쥬즈를 형성한 대부분의 부족들은 카자흐 칸국으로 흡수되었다는 것이 특징이다. 카자흐의 대쥬즈를 형성한 부족들은 초기의 카자흐 칸국을 구성하였고, 이후 중쥬즈 부족들이, 16세기부터는 소쥬즈 부족들이 카자흐 칸국에 합류하였다. 칸국에 흡수되기 이전부터 쥬즈 부족들은 계보상으로 매우 긴밀하게 결합되어 있었으며, 제정러시아의 중앙아시아 정복시기까지 분열과 통합을 거듭하면서 카자흐 문화 유형의 강력한 구성 인자가 되었다. 러시아의 중앙아시아 정복 이전인 18세기에 카자흐스탄에 대해 러시아가 일정한 정치적 지배력을 유지하였던 배경에는 바로 씨족 및 부족 연합체로 존재하고 있던 쥬즈를 제정러시아가 일률적으로 병합하였기 때문에 가능했다.

러시아는 소쥬즈와 중쥬즈를 합병한 이후에 대쥬즈를 복속함으로써 중앙아시아 정복과 팽창이라는 제국주의 통치의 기반을 마련하였다. 러시아는 카자흐 칸국에 지속적으로 정치적 압박을 가했는데, 각 쥬즈의 칸은 러시아와 조약을 체결하면서 러시아제국의 일부가 되었다. 러시아 정부는 '카자흐'라는 원래의 민족명이 유지되기를 희망하지 않았고, 러시아 남부의 '코사크'이라는 명칭과 차별을 두기 위하여 카자흐 대신에 '키르기스'라는 민족명을 사용하였다. 러시아는 1734년 공식적으로 대쥬즈를 합병하였지만, 실질적이고 완전한 합병을 이루기까지는 오랜 기간이 걸렸다. 대쥬즈를 중심으로 무슬림 세력이 강해지면서 러시아의 정치적 지배는 어려운 상황을 맞이하게 되었고, 기본적으로 쥬즈 연합체는 러시아보다는 당시의 코칸드 칸국에 심정적으로 더 가까워지면서 러시아에 대한 저항적 측면을 강하게 띠기도 하였다.

계보적 혈통에서 나타난 카자흐 문화 유형

카자흐 문화 유형의 또 다른 중요한 요소에는 세습적으로 전승되는 계보적 혈통에 관한 부분이 있다. 이는 '아크 수예크'(Ak Suyek), '카라 수예크'(Kara Suyek)이다. 전자는 '흰 뼈'(White bone)의 의미이고, 후자는 '검은 뼈'로 해석된다. 이를 각각 백골(白骨), 흑골(黑骨)로 표기하기도 한다.

아크 수예크는 소수 계보에 속하는데, 철저한 세습 계급으로 이루어진다. 이 계급은 최상의 정치적, 종교적 권위를 소유하고 있으며, 모든 사회관계에서 우선권을 부여받았다. 이론적으로는 칭기즈칸의 큰 아들인 주치 혈통의 자손들로 유목 귀족집단을 형성한 칸과 술탄들이 이에 속했다. 칸은 반드시 아크 수예크 출신이며, 이러한 혈통 분화는 개인의 능력과는 관계없이 단지 출생에 의해 이루어졌다. 아크 수예크는 문화적, 정치적으로 3개의 분리된 그룹으로 나누어졌는데, 칭기즈 칸의 후손인 '토레', '코자', 그리고 아랍 기원의 무슬림 엘리트를 상징하는 '사이이드' 등이다. 이 그룹은 초민족적 특권을 가지면서, 카자흐 사회뿐만 아니라 중앙아시아 전체를 통해서도 상당한 기득권을 누리고 있었다.[90)]

아크 수예크가 아닌 모든 카자흐 유목민들은 카라 수예크로 분류되는데, 이들은 일반적인 평민이다. 이 지위는 개인의 재산이나 능력에 의존하지 않고, 일정한 부족 그룹에 속하는데, 이들은 3개의 쥬즈 중 반드시 하나의 쥬즈에 속하게 된다. 카자흐 칸국에서 카라 수예크의 뛰어난 멤버들로 구성된 '비우즈'(Biys)라는 궁정 계급이 있다. 이는 3개 그룹으로 분류되는데, '톨레'(Tole), '카지벡'(Kazybek), '아우테케'(Ayteke)이고 3개의 쥬즈 중 하나에 속했다. 이들은 18세기에 외부 세력에 의한 공격을 방어하는 데 헌신적 역할을 담당했다.

카자흐 민족의 문화 유형을 규명하는 데 있어 이러한 족보나 씨족적 계보는 매우 중요하였다. 20세기, 즉 1900-1925년 사이에 카자흐 민족은 '쉐쥬레'(Shezhyre)라는 민족의 계보에 기초하면서, 역사적으로 전승되던 모든 카자흐 부족과 계층의 가계를 종합한 족보를 집대성하였다. 이 족보에는 분명하게 입증이 되지 않은 가계는 수록되지 않았다. 쉐쥬레는 카자흐 민족 개념을 고착화하거나 입증하면서, 전형적 부족 계층을 보증하는 족보로 발전하였고, 전통적인 노마드 문화와 일정한 연관성이 있었다. 유목 문화와 밀접하게 관련된 계보의 재구성, 즉 '쉐쥬레'는 카자흐 민족의 '상상된' 공동체인 친밀한 문화 유형으로 해석되고 있다. 족보의 개념에서 나타나는 카자흐 언어 중에서 '카자흐쉴리크'(Kazaxhshylik)는 의미론적으로 '카자흐 전통성'(Kazakhness)으로 해석된다.

전체적으로 카자흐 민족의 문화 유형인 쥬즈와 쉐주르라는 족보를 통하여 중앙아시아의 문화 유형을 연구하는 것은 필수적이다. 가계나 족보에 대한 충성심은 카자흐 민족의 가장 기본적인 체계였는데, 부족이나 씨족 계급이 형성하는 사회적 구조는 강력한 문화 요소이다. 이는 수세기 동안 진행된 역사적 전승의 축적된 문화 형태였다. 중앙아시아에서 민족 그룹의 기원은 유사하지만, 각각의 민족들이 동일한 역사적 경험을 공유할 수는 없을 것이다. 카자흐 엘리트들은 제정러시아 및 소비에트 체제 속에서도 고유한 민족의 문화 요소를 수호하고 민족 정체성의 필수 요인으로 이를 재생산할 필요성을 인식하고 있었다.

이러한 족보 개념을 통하여 20세기 초기에 카자흐 민족은 지역적으로 분산되고 정치적으로는 러시아의 지배 하에서 단일화 되지 못하던 카자흐 공동체를 문화적으로 결합하는 근거를 마련하고, 민족적 자존감의 기반으로서의 역할을 하였다. 카자흐스탄에 있어서 과거에 가장 영향력 있던 정당인 '알라쉬-오르다'는 카자흐 민족의 선구자의 이름을 따서 명명되었고, 이 이름은 쉐주르에 매우 영광스럽게 기술되어 있다. '우리는 알라쉬의 아이들이다….'라고 하는 관용어는 카자흐 민족이 자신들의 그룹 정체성으로 강조할 때 자주 사용되었다. 이러한 관점에서 본다면, 소비에트시기 스탈린의 강제

알마티 소재 카자흐 중앙박물관 – 〈필자 촬영〉

집단 농장 정책은 카자흐 민족의 입장에서는 자신들의 전통성과 유목 문화 요소를 열등한 것으로 간주하는 소비에트 정책의 추진으로 받아들여졌다. 제정러시아를 계승한 소비에트의 전체주의 체제나 스탈린의 강제 집산화 정책은 유목 문화, 혹은 정원 문화라는 카자흐 민족의 전통성과는 매우 대칭되는 소비에트 통치 개념이다.

5. 몽골의 역사적 유산과 민족 분화

일반적으로 중세시기 몽골의 차가타이 칸국에서 나타난 차가타이 정체성은 첫째, 투르크-몽골의 전통적 특성을 소유해야 하며, 둘째, 몽골 제국의 경계 안에서 기원하며, 셋째, 정주 문화의 특성을 갖춘 경우를 의미하였다. 이런 관점에서 중앙아시아의 대표적 정착민족인 우즈베크는 차가타이 칸국의 형성과 소멸을 계기로 정착화 되는 특성을 보여주었다. 반면 카자흐 민족은 투르크-몽골의 전통 중에서 특별히 유목 문화 관습을 유지하고 있었다. 우즈베크와 카자흐 민족은 상호 분할의 과정을 거쳤다. 중앙아시아에 끼친 몽골의 역사적 유산은 차가타이 칸국의 지배와 그 이후의 각 민족 그룹의 분화 과정으로 설명될 수 있다. 몽골의 세계 제국으로서의 역사적 위치가 약화되면서 14세기에 시작된 몽골 계승 국가들의 분열 및 해체로 중앙아시아에서는 유목민의 대이동이 시작되었고, 15세기 초에는 투르크족 및 투르크화된 부족들이 카자흐와 우즈베크로 재편되어 개별적 집단으로 형성되었던 것이다.

그렇다면 중앙아시아에서의 제국의 역사적 유산이 끼친 문화 유형은 어떻게 정의될 수 있는가? 차가타이 칸국이라는 몽골 제국의 전통성을 기저로 중앙아시아의 문화 유형과 민족 정체성은 형성되었다. 몽골제국의 국경 안에서 분화의 과정을 거친 민족들의 정책과 정체성은 민족의 특수성에 따라 다양한 패턴으로 창출될 가능성이 있을 것이다. 차가타이 칸국의 분화 과정은 보수적인 몽골 관습을 절대적으로 수호하는 것인가, 그렇지 않은 것인가로 귀결된다. 중앙아시아의 동부 지역은 몽골 샤머니즘 등 과거의 관습을 전통적으로 수호하는 입장이고, 서쪽은 이슬람을 더 적극적으로 수용하고 농업 문화의 형태를 보이면서 도시 거주민들과 공존하여 생존하는 방식을 택했다. 즉 카자흐와 우즈베크는 각각의 왕조에 대한 충성심이 달랐기 때문에 분할 과정을 거쳤는데, 우즈베크 민족은 트란속시아나 지역에서의 정책을 광범위하게 포함하고 있었고, 카자흐 민족은 중앙의 강한 통제에 대한 저항의 과정 속에서 국가 형성이 진행되었다. 카자흐는 유목 문화의 유형과 지도자에 대한 충성심을 통해 국가적 존재감을 강조해 나갔던 것이다.

결론적으로 본다면, 15세기부터 우즈베크와 카자흐 민족은 공동의 기원을 가지고 있으면서도, 각각 분리되기 시작했다. 카자흐와 우즈베크 사이에서 민족 분화의 과정은 특이한 측면이 있다고 하겠다. 첫째, 이 두 민족은 공동의 장소와 배경으로부터 나타났다는 점이 공통적이다. 둘째, 이 두 민족 그룹의 분화는 단지 종족의 기원적 차이성이라기보다는 차가타이 칸국 내부에서의 분리적 성향으로 기원하였다고 보는 것이 타당하다. 동일한 기원을 가지는 그룹이 분리되면서, 서로 다른 정치적 조직체에 속할 때에는 민족 정체성의 발전 과정이 다르게 나타날 수 있는 것이다. 카자흐 민족은 차가타이 칸국으로부터 분리될 때에 투르크-몽골의 유목 문화 특수성을 유지하였다. 이는 고유한 민족 기원의 정체성을 상실하지 않았다는 의미가 된다. 언어나 지역적인 특수성은 투르크-몽골리안의 노마드 민족 그룹에게는 2차적 역할만을 하였을 뿐이다. 차가타이와 카자흐 그룹은 자신들의 분리된 명칭이나 정체성을 상실하지 않고 원래 거주한 땅으로부터 이동해 나갔다.

중앙아시아 지역에서는 유목문화와 정주문화라는 2개의 핵심적 문화 유형이 15세기 이후, 각 민족들의 전통과 국가건설의 형태에 따른 분화 과정을 통하여 생성되고 발전되었다. 각 민족들이 개별적으로 이러한 차이점을 가지고 있기 때문에 한 나라의 역사, 문화, 사회, 경제적 전통은 변별성을 가진 발전 경로를 추구하기도 한다. 제정러시아를 거쳐 소비에트 시대에 들어와서 피지배 민족의 문화 유형은 역사적이고 영광의 문화적 유산이라기보다는 열등한 이미지로 둔갑되어버렸다. 심지어 농업 지역에 거주하던 우즈베크 민족 그룹은 유목문화의 삶과 전통성을 유지하던 카자흐 등 노마드 민족에 대해 경멸하는 태도를 보이기조차 하였다. 카자흐 민족은 노마드 전통을 수호하는 입장을 보임으로써 우즈베크와 카자흐 민족의 노마드 문화에 대한 전통적 견해는 변별적 개념으로 나타났다. 카자흐 민족의 문화 유형은 유목문화의 전통성으로서의 족보와 가계의 전통과 연결되어있다. 유목 문화의 특징은 전원 문화에서 강하게 나타났다. 유목 문화, 전원 문화는 소비에트 시대의 소비에트 시민이라는 개념에 부합될 수 없는 문화 유형이었다. 즉 제정러시아, 소비에트의 역사적 유산은 유목 문화의 콘텍스트와 연관되어 있었다.

중앙아시아 사회에서 카자흐 민족과 우즈베크 민족은 공통의 역사적 경험이 존재했었다. 즉 그것은 세계 제국이던 몽골의 존재였으며, 차가타이 칸국의 역사적 유산은 이 두 민족 그룹에서 공유되었다. 동시에 차가타이 칸국의 쇠퇴, 즉 제국의 약화와 더불어 새로운 민족 그룹의 출현이 이루어졌으며, 이는 중앙아시아 사회의 매우 특이한 현상이었다. 민족 그룹은 분리되었으며, 각각의 민족은 자신들의 정체성으로 정주 문화와 유목 문화의 유형을 선택했다. 몽골제국의 역사적 유산을 공통된 분모로 하면서, 각 민족 그룹의 개별적 특성이 변별적으로 발전해 나갔다. 그리고 이러한 제국의 유산은 역사의 경과를 통하여 또 다른 제국인 제정러시아의 역사적 유산까지 보존, 혹은 전승되는 특성을 보였다.

러시아제국은 몽골의 유목문화를 계승하는 노마드 민족은 지리적 중심부에 속한 것이 아니라 주변부로 간주하였다. 이런 관점에서 노마드 문화는 역사적, 지리적 핵심 문명이 아니라, 역사의 주변부에 포함된다. 노마드 민족은 기본적으로 거대 도시를 소유하지 못하였다. 그리고 우즈베크 민족그룹에 의해 이른 시기에 수용된 이슬람도 카자흐 민족 등 중앙아시아 유목민들에게는 매우 늦은 속도로 전파되고 수용되었다. 유목민족은 샤머니즘 의식을 가진 이슬람 수피주의자들에 의해 이슬람을 수용하였다. 이것이 바로 유목문화의 전통적 특성이며, 이런 관계로 이슬람은 노마드 민족들에 의해 덜 조직화되었고 이슬람의 핵심적 요소보다도 과거의 이슬람 이전의 혼합 종교와 결합된 형태를 보여주었다.

우즈베크와 카자흐 민족의 영적, 정신적 세계관은 개별적인 특성으로 나타났다. 제국의 유산은 오늘날 민족건설과 국가건설을 서두르고 있는 중앙아시아 각 개별공화국에도 여전히 영향력을 미치고 있다. 어떤 정치적, 경제적 발전 경로와 그 활로를 모색해야 할 것인지는 역사적 형성 시기동안 몽골제국과 제정러시아, 혹은 소비에트 체제의 역사적 유산이 이 국가들에 남겨놓은 흔적이 될 것이며, 이러한 관점에서 지배-피지배 관계에서 나타나는 제국의 유산에 대한 논증은 여전히 학문적으로 필요한 영역에 속할 것으로 사료된다.

제2부

중앙아시아 이슬람

I. 중앙아시아 이슬람 개관

1. 중앙아시아 지정학 및 이슬람 요인

한 지역의 역사적 형성 기간 동안 자신들의 지리적, 문화적 경계를 침범해오는 제국주의 국가에 대해 피지배 민족은 순응 혹은 반발의 태도로 대응한다. 유목민족제국사의 역사적 변천을 거쳐서 가장 강력한 국민국가 요건을 갖추고 있던 제정러시아는 19세기에 이르러 중앙아시아를 지배하였다. 그리고 20세기에도 러시아 민족이 주축이 된 소비에트 체제는 당시 새롭게 편성했던 중앙아시아 5개 공화국에도 소련식 사회주의를 정착시키려 하였다. 중앙아시아는 과거에 자민족 중심의 국민국가를 건설한 역사적 기억이 없고, 소련이 인위적으로 국경을 획정함에 따른 국가 구분을 직접적으로 물려받았다. 중앙아시아는 독립 이후 국가 건설, 국가 정체성 정립에 총력을 기울이고 있다. 하나의 권역권 내에서 종교적, 정신적 체계는 분명히 존재한다. 그러한 점에서 중앙아시아 이슬람은 민족 정체성의 핵이요, 민중의 기본적인 정서요, 제국주의 세력에 맞선 정신적 인식 체계로 해석될 수 있다.

중앙아시아의 이슬람은 8세기에 이 지역에 전파되었다. 19세기 이후 자디드 운동과 바스마치 운동으로 대변되는 중앙아시아의 민족적, 문화적 저항 의식은 이슬람을 통해 나타났다. 이슬람은 종교적 역사의식이다. 중앙아시아 이슬람은 제정러시아와 소비에트 체제를 거치면서 반러시아적 경향으로 발전하기도 했지만, 20세기 들어 국제주의를 주창한 소비에트 체제 아래에서는 저항적 요소가 나타나지 않았다. 이슬람이 새로운 역사적 전환을 맞이한 시기는 1991년 독립 이후였다. 과거의 침체기에서 벗어나 새롭게 이슬람 부흥의 시기가 도래했다. 이슬람이 국가건설의 신앙적, 이념적 요소로 등장했다. 중앙아시아 이슬람은 국민들의 단일한 정신적 요소로 기능하고 있었지만, 타지키스탄에서는 1992년 내전이 일어나면서 급진적 원리주의단체가 군사적 투쟁을 감행하기도 하였다. 전통적 의미에서 수피즘 경향의 이슬람은 역사적으로 오랜 기간 국민들의 의식과 일반 생활관습에 민족적 정체성으로 남아있었다. 그러나 독립 이후에 우즈베키스탄, 타지키스탄에 급진적 원리주의 단체가 출현하여 정부의 위협 세력이 되고 있다.

이슬람 원리주의는 중앙아시아 통치 지도자들에게 위험한 정치적 요소로 인식되어 원리주의를 신봉하는 개인이나 단체는 심각한 탄압을 받았다. 소연방 시절, 구공산권 출신의 인사들이 여전히 정치 지도자가 되어 국가를 통치하자 이슬람 원리주의자들은 중앙정부에 저항하였다. 중앙아시아 이슬람은 역사적으로는 반러시아적 경향을 가지고 있었고, 독립 이후에는 원리주의 단체를 중심으로 반정부적 경향을 띠고 있다.

중앙아시아 이슬람의 역사적 기원과 형성 과정을 이슬람의 본질을 중심으로 과거의 역사에서 현대까지 일괄적으로 그 흐름을 분석하는 것은 매우 중요하다. 러시아와 소비에트 체제라는 강대국의 국가전략에 맞서 특정 지역 민족의 반(反) 제국의 문화사로서 이슬람은 매우 중요한 문화 인자이다.

2. 20세기 이전 중앙아시아 이슬람 역사

중앙아시아는 7세기 아랍 민족이 이 지역을 군사적으로 침략하였을 때에 이슬람을 최초로 수용하였다. 중앙아시아 이슬람은 '민속(FOLK) 이슬람'이라는 독특한 양식으로 발전하였다. 일반적으로 소비에트시기에 정부 지원의 이슬람 체제를 '공인 이슬람'이라 하고, 이와 반대되는 개념으로 널리 사용된 용어가 민속 이슬람이다.[91]

중앙아시아 이슬람의 역사적, 전통적 양태는 '민속 이슬람'으로 정의된다. 이 지역의 이슬람 이해를 위해서는 이슬람의 기본적 본질뿐만 아니라 문화적 행동 양식, 행동가치 등 중앙아시아 민족에 대한 총체적 접근이 필수적이다. '민속 이슬람'은 중앙아시아 역사와 문명의 전반적인 분석과 이해를 통해 접근이 가능하기 때문이다. 특유의 씨족적, 부족적, 종교적 요소가 통합적으로 '생활 속의 이슬람'이라는 양식으로 발전해나간 것이 중앙아시아 이슬람의 특이성이다. 그러므로 이는 큰 틀의 이슬람문명 체계 속에 포함된다. 이슬람문명은 이슬람을 바탕으로 한 범세계적 성장 문명이고 다양한 민족과 국가의 고유문화가 이슬람이라는 종교적 양식을 빌어 만들어진 다원적 문명의 체계이며 그 구성 요소가 복잡하다.

중앙아시아 이슬람 전래 역사

역사적으로 본다면, 중앙아시아는 매우 유사한 사회·문화적 동질성을 보여주고 있는 지역이다. 아랍의 칼리프 군사원정대가 이

지역으로 최초로 침입한 시기는 7세기 후반이었다. 초기의 정복사업을 이끈 아랍 왕조는 우마이야조(Umaiya, 661-750) 시기였다. 무아위야(Muawiya, 661-680 재위) 통치시기에 아랍 무슬림들은 부하라를 정복하였다. 이후 우마이조의 '쿠타이바 이븐 무슬림'은 중앙아시아 지역을 다시 침범하여 부하라, 콰레즘 등을 정복하고 서부의 사마르칸트 지역까지 그 정복 지역을 넓혔다. 이슬람은 느리지만 광범위하게 중앙아시아에 전파되고 점진적으로 중앙아시아의 기본적 신앙 체계로 정착되었다. 이슬람이 전파되기 이전 중앙아시아 지역에는 네스토리우스파 기독교, 마니교, 불교 및 조로아스터교 등 종교의 혼합 지역이지만, 이 지역의 지배적인 신앙 체계는 조로아스터교였다.

중앙아시아 이슬람은 아랍 원정대의 침략 이후 대외 국제관계에서 다양한 부침을 경험해왔다. 7세기 아랍을 통일한 무슬림들은 중앙아시아의 강력한 패권 세력인 사산조 페르시아와 이 지역의 지배

카자흐스탄 아스타나 소재 모스크 – 〈필자 촬영〉

권을 놓고 충돌하였는데, 사산조 페르시아는 이 결과로 실제적 영향력을 상실하면서 멸망하였다.[92] 결국 아랍 무슬림들은 8세기 중엽 탈라스전투에서 중국을 물리치고, 중앙아시아 지역에서 결정적 영향력을 가지게 되었다. 이후 강력한 유목 민족이 차례로 등장하면서 중앙아시아 지역의 맹주가 된다. 11-12세기의 호레즘 왕조, 13세기 이후의 몽골의 정복, 14세기에는 티무르 왕조가 이 지역을 다스렸다. 16세기 이후에 우즈베크와 카자흐 공동체 그룹이 이곳을 지배하게 되었다. 러시아는 16세기, 이반 4세 시대에 러시아의 중앙 집권화에 성공하고 볼가강 유역으로 대외 팽창을 서둘렀다.

역사적 과정을 살펴본다면, 러시아와 중앙아시아의 역사적 관계는 16세기 이후부터이다. 이반 4세는 중앙아시아의 남부 스텝 지역을 정복한 러시아 최초의 인물이었다. 그는 현재 러시아 연방 타타르스탄 공화국이 위치하고 있는 카잔 칸국과 아스트라한 칸국을 점령함으로써 러시아 역사상 최초로 이슬람권에 진출하였다.[93] 16세기에 제정러시아는 카잔 칸국 등 이슬람 지역을 다스릴 때에 무슬림들 고유의 통치 조직을 폐지하고 통치권을 행사하면서 이 지역에 대한 압박 정책을 실시하였다. 원주민들은 카잔 등 주요도시에서 자신들의 세력권을 상실하고 러시아정교도로의 개종을 강요받았다. 모스크바공국에서는 러시아인 위주의 정책이 실시되었고, 무슬림 정치 권력자들은 모스크바공국으로 통합되고 무슬림들은 러시아의 신민으로 수용되었다. 모스크바 중앙정부는 무슬림 사회의 계층을 귀족과 종교지도자, 일반 대중으로 구분하였다. 무슬림 귀족들은 기독교로 개종하지 않으면 경제적 예속을 강요받고 도시로부터 추방되었다.[94] 러시아는 19세기 중반 이후에 중앙아시아를 정복하였다. 유럽의 패권 국가들이 아시아와 아프리카 등 유럽 대륙 밖에서 식민지 국가를 건설한 방식과 다르게 러시아는 인접한 지역으로 대외 팽창에 나섰는데, 1991년에 중앙아시아 5개 공화국이 역사상 최초로 독립할 때까지 이 지역에서 가장 강력한 영향력을 가지게 되었다.

러시아의 중앙아시아 정복

러시아가 중앙아시아를 공식적으로 복속한 시기는 19세기 중엽 카프카스 전쟁을 종결시킨 이후였다. 북카프카스 에서 러시아에 끝까지 저항하던 이맘 '샤밀'이 러시아에 항복, 19세기 전반기, 반세기 동안 러시아와 북카프카스 민족 간에 벌어졌던 전쟁은 종식되고, 러시아는 대(對) 중앙아시아 정복에 나섰다. 1855년 페르가나 계곡에 위치한 '코칸드 칸국'이 점령되고 1865년 '타시켄트', 1867년 '부하라 칸국', 1868년에는 '사마르칸트', 1873년 '히바 칸국'이 러시아에 점령되어 '아무다리아' 강과 카스피해 사이의 중앙아시아 남서부, 즉 지금의 투르크메니스탄 지역을 제외한 거의 모든 중앙아시아가 러시아의 통치 아래 놓였다. 이 지역 역시 1874년부터 10년에 걸쳐 이루어진 러시아의 침략으로 1884년 러시아에 점령되었다.[95] 19세기 말에는 거의 전역이 러시아의 관할 하에 들어갔다.

중앙아시아 이슬람 이념

19세기 러시아의 중앙아시아 정복과 더불어 나타난 중앙아시아 이슬람의 역사적 상황과 그 전개과정은 어떻게 진행되었는가? 중앙아시아에 이슬람이 전파된 이후로 교리적으로는 하나피 계열의 수니파가 중앙아시아의 지배적 이슬람 교리였다. 이러한 경향 중에 민중 이슬람의 제3대 종파인 수피즘이 중앙아시아 민중의 전통적

카자흐스탄 알마티 이슬람 사원 – 〈필자 촬영〉

문화 속에 정착하였다. 수피즘은 다양한 용어로 불리고 있다. 이는 '병렬 이슬람'(Parallel Islam), 혹은 '민속 이슬람', '민중 이슬람'으로 명명되며[96], 전통적, 역사적, 민족 정체성 입장에서 중앙아시아 이슬람을 대표하였다.[97] 수피즘은 국가의 통치 밖에서 현지 무슬림들에 의해 신봉되었다. 서방학자들이나 러시아학자들은 민중이슬람을 일상이슬람(Everyday Islam) 또는 비공식이슬람(Non-official Islam)이라고 부른다. 이러한 이중구조는 구소련체제에서도 존재해왔고 중앙아시아 국가에서도 유지되고 있다.

전통적 예식을 숭상하는 이슬람 수피즘 종단

수피즘은 전통 의식을 강조한다. 결혼, 장례 의식 등을 이슬람의 전통적 방식으로 치른다. 그런데 20세기 이후 수피즘의 교의는 소비에트 정부가 공식적으로 인정한 '공식 이슬람'에 위배될 뿐만 아니라, 합법적 지배 세력에 대한 저항 행동으로 인식되어졌다. 수피즘을 따르는 중앙아시아 인들은 이슬람 성인들의 묘지가 위치한 인근 지역에서 전통 의식을 치르는 것을 매우 좋아하였다. 수피즘은 원래 신비주의, 금욕주의가 주된 사상이며 절대자를 향한 진리 탐구가 그 특징이다. '라쉬드'가 지적하듯 수피즘은 신과의 직접적인 영적 교제를 이루고 신적 경배의 대상을 향한 인내의 특징을 가진다.[98] 전통적 수피즘의 특성 중에서 가장 두드러지게 나타나는 의식은 성묘 숭배와 성묘 방문이다. 성묘를 방문해 성인이 소유하고 있던 성덕을 나누어 가짐으로써 자신들의 기원이 성취된다는 믿음을 중앙아시아인들은 소중히 여겼다. 또한 신자들은 각 성묘마다 특정한 효험을 갖고 있다고 믿고 있다. 수피즘은 전통적 관습의 의미로 수용된다. 수피즘은 순니, 시아파와 다른 특징을 보여주는데, 신비주의 경향으로 신적 진리를 추구한다.

그러나 수피즘은 19세기 전반기에 북카프카스 민족이 카프카스 전쟁을 치르면서 대(對) 러시아 항쟁의 요소로 발전하는 이념적 진화를 보여주었다. 제정러시아의 통치 시기인 19세기에 수피즘을 따르는 그룹은 기본적으로 반정부적이고 反러시아적인 행동 방식을 보여주었다. 수피즘은 절대자를 향한 순응적 과정인 동시에 잘못된 사회적 악에 대한 저항적 요소도 용인하는 특징을 보였다.

북카프카스의 이슬람교도들은 다양한 민족들을 하나로 묶는 수

수피즘 예배 의식(출처: http://blog.naver.com/hsseheather?Redirect=Log&logNo=110124807524)

단으로 수피즘을 활용, 대러시아 저항에 나섰다. 수피즘이 강력히 전파된 곳이 14세기 중앙아시아의 부하라 지역이었다. 중앙아시아에서는 '낙쉬반디야' 수피즘 종단이 매우 발흥하였다. 이 종단은 14세기 이후 오랜 기간 동안 철저히 스승에 복종하는 제자의 길을 강조하였다. 그러나 19세기 이후 수피즘은 몇 개의 지역에서 신비주의와는 다른 정치적 유형의 경향성을 띠고 북아프리카와 중앙아시아, 카프카스 지역에서 무장 항쟁의 형태로 나타났다. 제국러시아 시대의 수피즘은 지하드의 기치아래 반제국주의의 이념적 근간으로 작용했다. 제정러시아나 소비에트 통치자들은 적의를 가지고 대처하였는데, 체형, 투옥, 유형 등의 방법으로 수피 종단을 강력히 압박했다.[99] 수피 형제단은 무함마드 알리를 지도자로 하여 1895년 타시켄트와 사마르칸트 거주민의 지위 향상과 칸국의 부활을 주장하며 봉기를 일으켰다. 안디잔 저항이라고 불리는 이 봉기는 러시아의 탄압으로 진압되고 지도자는 교수형에 처해지고 그의 추종자 546명이 처형을 당했다.[100]

제정러시아는 자신들에 저항하지 않고, 생활 이슬람을 주창하는 무슬림들에게는 기본적인 이슬람 예식을 허락해주었다. 중앙아시아인들은 종교 축일을 지키고, 매일 다섯 번의 예배를 준수하고, 모스크에서 정기적 회합을 가지며, 메카로의 순례여행인 '하지' 의식을 치를 수 있었다. 또한 그들은 이슬람 복장 및 민속 의상을 착용하면서 생활하는 일을 보장받았다. 이 지역에서 여성들의 활동은 많이 제한되었다. 중앙아시아 공동체에서 여성들은 남성중심의 사회로부터 각종 생활상의 제약을 받았다.[101] 수피즘이 북카프카스에서 저항적 교의로 발전한 측면이 있는 것은 사실이지만, 중앙아시아에서는 순응적, 전통적 입장을 보였는데, 일반 생활 관습 속에서 수피즘의 특성이 나타난다.

3. 20세기 중앙아시아 이슬람 역사

무슬림 저항정신과 바스마치 운동

1917년 러시아혁명이 일어나기 이전 제정러시아와 1917년 이후 볼셰비키 정부, 그리고 소비에트 정치체제에 이르기까지 중앙아시아 수피 종단은 줄곧 탄압을 받았다. 중앙아시아 수피 종단의 지도자들과 무슬림 교도들이 강제적 소비에트化에 반발하고 저항했기 때문이다.

중앙아시아 무슬림들에 의해 주도된 운동은 '바스마치' 운동이다. 자디드 운동이 이슬람 지도자를 중심으로 한 엘리트 계층이 주도하였다면, '중앙아시아의 무자헤딘'[102]이라고 일컫는 바스마치 저항운동은 중앙아시아의 광범위한 민중들에 의해 일어났다. 이 운동은 우즈베키스탄의 페르가나 지방을 중심으로 나타난 반러시아, 반소비에트 저항운동이었는데, 볼셰비키 혁명이 일어난 직후인 1918년부터 1929년까지 지속되었고 대중들로부터 큰 지지를 얻었다.[103] 당시 우즈베크, 투르크멘, 타지크족 저항 게릴라 그룹은 영국으로부터 군사적 지원을 받았고, 백군 잔존세력과 더불어 1929년까지 소비에트 정부에 대항하였다.

바스마치 저항운동은 주로 이슬람교도와 민중들이 결합하여 러시아에 저항하여 일어났는데, 이 운동이 결정적으로 발생한 것은 러시아의 붉은 군대, 이민자, 제정러시아 시대의 관리들로 구성된 소비에트 행정관이 지역민들에 대해 박해와 약탈, 추방 등 민족 억압 정책과 제국주의 정책을 펼쳤기 때문이다. 볼셰비키와 중앙아시아 무슬림들 간에는 이념적 차이와 민족적, 종교적 긴장이 조성되었다. 소비에트 지도자들은 러시아혁명 이후 무슬림을 권력에서 배제하는 정책을 추진하였다. 이에 맞서 이슬람 종교지도자들은 1917년 11월 코칸드에서 신(新) 볼셰비키 권력에 맞서 투르키스탄의 독립을 선언하였다. 당시 타시켄트 소비에트 정부는 1918년 2월 5일 코칸드를 공격하여 도시를 파괴하고 약 5만 명에 이르는 무슬림들을 살육하고 3월에는 부하라를 공격하였다. 이 사건 이후 무슬림들이 카자흐스탄을 제외한 투르키스탄 지역에서 무장 투쟁을 하게 되었다.

주권국가건설을 주창한 바스마치 운동

특히 20세기 초 '바스마치' 운동은 무슬림 대중에 의한 대표적인 저항 정신으로 발전했다. 19세기 중반 이후 제정러시아와 소비에트 체제에 의한 중앙아시아 지배는 쉽게 쟁취된 것은 아니었다. 소비에트 체제는 무슬림 민중 운동인 '바스마치' 운동으로 곤경에 처해 있었는데, 反볼셰비키 및 反모더니스트적 저항 운동의 분위기가 19세기말에서 1920년대까지 중앙아시아 민족들에게 퍼져 있었다. '바스마치' 운동은 러시아 민족주의를 반대하여 무슬림들을 하나로 단결시키면서, '범이슬람주의'(Pan-Islamism)를 주창하였다. 중앙아시아 민족들에게 이러한 영향을 미친 인물은 터키 장군인 '엔베르 파샤'였다. 당시 이슬람권 사회에서 가장 강력한 영향력을 가지고 있던 터키는 '범이슬람주의' 비전을 중앙아시아 민족들에게 심어주었다. 엔베르 파샤는 타지키스탄에서 이러한 비전을 주창하면서 1922년 동부 산악지대에서 볼셰비키 군대와 전투 중에 사망하였다. 이 운동은 결국 실패로 끝났지만, 20세기 초 이슬람 운동의 직접적 영향력은 중동아랍의 '범이슬람주의'에서 그 기원을 찾을 수 있다. 이 운동의 결과로 볼셰비키는 사실상 아프가니스탄, 인도, 중국에서 진행하고자 했던 '혁명전쟁'을 더 이상 시도하지 못하였다.[104)]

바스마치 운동은 러시아 민족주의 역사가들이 주장하는 것처럼, 산악 민족들의 폭동이 아니라 중앙아시아 민족의 주권을 쟁취하고 주권국가 건설을 목표로 전개되었다. 소비에트 정부는 이 당시 무슬림들을 재교육시키고 이슬람 생활방식을 소련식 생활에 강제적으로 적용하고자 하였고 소비에트 정부에 유해한 어떤 종교집단이나 민족운동도 거부하였다. 여성들의 베일은 소비에트 정부에 의해 강제로 벗겨지고 학교에서 소비에트식 교육을 받았다. 이슬람 율법인 샤리아는 세속적 법으로 대체되고 성직자의 영향력은 격하되고 종교 단체는 체제의 적대적 요소로 간주되었다. 이러한 정책은 역효과를 유발하였고, 바스마치 저항운동이 일어나는 계기가 되었다. 결론적으로 이 운동은 이교도인 종교 투쟁의 성격과 민족 운동의 성격을 가지고 있었다.[105)]

바스마치 운동은 소비에트 정부의 개입으로 실패하였다. 자디드 운동과 바스마치 저항운동을 억압하던 소비에트 당국은 토착 세력에 의해 행해지던 반러시아 저항운동이 소련의 중앙아시아 통치에 매우 심각한 위협 요소가 될 것이라고 판단하였다. 그래서 바스마치 운동이 진행되던 시기에 소비에트 정부는 전통적인 '채찍과 당근' 정책인 억압과 회유책을 병행하는 통치 전략을 선택하면서 바스마치 운동을 진압할 수 있었다. 바스마치 이슬람 지도자들은 1929년 이후 아프가니스탄으로 거주지를 옮겼다. 이 운동을 진압한 후 소비에트 정부는 러시아문화가 이슬람을 변모시켜야 한다는 논리와 견해를 정책에 반영했고, 이러한 입장은 소비에트 체제의 기본적인 토대를 이루었다.

소비에트 통치 시기 중앙아시아 이슬람

소비에트 통치시기에 러시아와 중앙아시아 이슬람의 관계는 2가지 큰 틀의 길항 관계로 이루어진다. 즉 바스마치 운동 등 중앙아시아 이슬람이 反러시아 이념으로 발전한 부분이고, 소비에트의 중앙아시아 정책도 反이슬람 경향을 가지고 전개되었다는 사실이다. 이 두 상호 관계는 러시아와 중앙아시아의 역사적 관계, 그리고 중앙아시아 이슬람의 역사성과 본질을 이해하는 매우 중대한 요소가 된다.

스탈린은 일국 사회주의의 이론을 창출하고 이 원칙을 중앙아시아 통치의 이론적 근거로 삼았다. 이 이론은 '형식에 있어서는 민족주의, 내용에 있어서는 사회주의'라는 슬로건을 내걸었다. 스탈린은 소비에트 체제 초기에 중앙아시아의 민족 문화를 일정하게 보존하는 정책을 선보였다. 그러나 스탈린은 러시아와 중앙아시아는 종교적, 민족적, 언어적, 사회적, 문화적으로 이질적인 차이가 있다는 점을 이해하고 있었다. 스탈린은 중앙아시아 이슬람이 반러시아 저항의 모티프가 될 것으로 판단하고 이슬람 억압 정책을 추진하였다. 그 이면에는 중앙아시아가 민족적 일체감을 형성하는 동일 문화권에 속한다는 사실이 강하게 작용했다.

스탈린의 통치와 반이슬람 정책

바스마치 운동을 억압하고 난 이후 스탈린은 노골적인 反이슬람 정책을 추진했다. 스탈린의 대중앙아시아 이슬람 정책에 대한 태도는 이슬람 사원에 대한 세금 징세 부분을 살펴보면 알 수가 있다. 이슬람은 전통적으로 사제 계급이라는 뚜렷한 종교 조직을 가지고 있지 않다. 스탈린은 이슬람 세력을 근본적으로 제어할 수 있는 방법이 바로 이슬람 사원에 속한 토지인 '와크프'(Vakf)를 몰수하는 정책으로 간주하고 이를 실행하였다. 이 토지는 무산 계급인 농민에게 분배되었다.[106] 그는 이슬람 사원들을 대부분 폐쇄하고 1924년에는 샤리아 법정도 폐지시킨다. 또한 1920년대 후반부터 중앙아시아 이슬람에 대한 정면 공격을 감행하여 이슬람 성직자들에 대한 탄압과 숙청, 무슬림 학교와 아랍 문자사용 금지 등의 조치를 내렸다. 이슬람 사원들은 혁명 이전 1912년 26,274개에서 1942년에는 1,312개로 줄어들었다. 스탈린 시대에 '전투적 무신론자 동맹' (League of Militant Godless)은 무슬림들을 탄압하는 대표적인 조직체였다. 이 동맹은 특히 이슬람 성직자들과 무슬림들을 '반혁명분자'라는 용어로 공격하고 심지어 외국의 첩자로 몰기도 하였다. 이슬람 학교와 단체는 국가가 운영하는 사무실로 개조되었다.

스탈린은 소수 민족들을 탄압하던 용어인 '민족들의 감옥'에서 보듯, 철저히 러시아 민족 중심의 통치 구조를 확립하였다. 이 정책에 따라 인위적인 구분이 실행되었는데, 중앙아시아는 5개 공화국으로 분화되었다. 우즈베키스탄으로부터 1924년에는 투르크메니스탄이, 1929년에는 타지키스탄이 분리된다. 카자흐스탄과 키르기스스탄은 이보다 늦은 1936년에 분리되었다. 스탈린은 중앙아시아가 무슬림·투르크 민족이라는 종교적, 민족적, 문화적 동질성을 유지하고 있어 민족들이 하나의 지역으로 통합되어 있다면, 소비에트 체제라는 큰 범주의 국가통치가 원활히 이루어지지 않을 것을 우려해 인위적으로 국가를 나누었던 것이다.[107] 소비에트 체제 기간에 이슬람은 중앙아시아 사회의 핵심 요소는 아니었다. 이슬람 성전의 수는 급격히 감소하고, 신학교인 '마드라사'(madrasah)는 대부분 폐교되었다. 소비에트 체제 하, 레닌통치 시절에는 '국제주의' 이념이,

스탈린 시대에는 '일국 사회주의 이론'이 중앙아시아사회에 강력히 주입되는 바람에 국민들은 이슬람이라는 고유한 종교 정체성을 가지지 못하였다.

흐루시초프 통치와 반이슬람 정책

스탈린 사후 해빙기에 흐루시초프가 서기장으로 통치하던 시절, 소비에트 체제는 반종교적 운동과 이슬람 억압정책의 골격을 유지한다. 흐루시초프는 반종교 캠페인을 전개하면서, 종교 활동에 대한 처벌을 강화하는 방향으로 법령을 정비하였다. 2차 대전 전후 약간 증가했던 모스크의 수와 등록된 이슬람 성직자 수는 급격히 감소하였다.[108] 1960년대 우즈베키스탄에서는 무슬림 공동체의 '공식 기구'와 '비공식 이슬람 단체'가 처음으로 출현하였다.[109] 마할라(농촌) 지역에는 공식적인 신분이 아닌 물라(이슬람 선생)가 다수 출현했으며 그들은 비합법적인 종교 활동을 하였다. 중앙아시아 정부는 물라가 특별한 정치적 활동을 하지 않을 때는 대체적으로 그들의 활동을 묵인해주었다.[110]

정치적 이유로 무슬림 국가와의 국경도 봉쇄됐다. 이란, 아프가니스탄, 터키, 그리고 60년대 중소이념 분쟁 국가인 중국과의 관계는 단절되었다. 소비에트 정부도 고등종교인 이슬람을 비과학적 사교(邪敎; cult) 수준으로 격하시키는 종교 정책을 추진하였다. 우즈베키스탄의 알파벳도 두 번이나 변화의 과정을 겪었다. 처음에는 아라비아어로, 두 번째는 라틴어, 그

흐루시초프 서기장

이후 키릴 문자로 표기되었다.[111] 소련의 전형적인 '철의 장막' 정책으로 중앙아시아 이슬람은 무슬림 세계로부터 격리되어 있었다고 보는 것이 타당하다.

1970년대 소비에트 통치 시기의 중앙아시아 이슬람

1970년대, 소위 '침체의 시기'인 브레즈네프의 통치 기간에 외면적 종교탄압은 중지된다. 1970년대는 중동아랍을 중심으로 전 세계적인 이슬람 부흥운동이 강하게 일어나던 시절이다. 이를 '이슬람의 부흥'[112]으로 부르는데, 중앙아시아 이슬람도 새로운 부흥의 전기를 얻게 되었다. 이슬람 의식과 전통이 다시 활발하게 일어났다. 브레즈네프가 반종교 정책을 기본적으로 유지하면서도 이슬람에 대한 완화 정책을 실시한 이유는 소비에트 정부가 미국과의 냉전 체제에서 중동아랍 등 전 세계 이슬람 국가에 대해 親우방 외교 정책을 적극적으로 실시하였기 때문이다.

1960-70년대에 중동 아랍을 중심으로 거대한 무슬림 정치 운동이 시작되는데, 소비에트 체제가 기존에 중앙아시아에서 행하던 종전의 탄압 정책을 지양하고 대(對) 이슬람 완화 정책을 실시한 것도 이에 무관하지 않다. 그러나 이 당시에도 무슬림 지하 단체나 급진적 원리주의 단체는 광범위하게 형성되지는 않았다. 중앙아시아 이슬람 연구가인 나지로프 박사는 브레즈네프 시대에 중앙아시아에는 세속적 단체와 이슬람 추종 기관이 명확하게 분열하였다고 강조한다.[113]

브레즈네프 서기장은 중앙아시아 이슬람의 反러시아적 경향을 차단하기 위해 중앙아시아의 공식 종교 기구인 'SADUM'[114]을 적극적으로 옹호하고 이 기관의 정책을 지원하였다. SADUM은 제 2

차 세계대전 이후 소련 정권이 보다 적극적으로 이슬람과 타협을 모색하면서 소련 정권과 이슬람을 잇는 유일한 공식적인 통로로써 세운 '무슬림 종무 관리국'을 일컫는 용어이다. 소련은 이를 4개 지역으로 구분하였는데, ① 유럽과 러시아 및 시베리아 지역 ② 중앙아시아 및 카자흐스탄 ③ 남카프카스 지역 ④ 북카프카스 지역 등이다.

SADUM은 중앙아시아의 대표적인 '공인이슬람'으로 불리는 조직으로 유일한 공식 이슬람 단체로 정부에 의해 인정되었다. 1941년 스탈린 시절에 '중앙아시아 및 카자흐스탄 무슬림 영적 지도회'(Spiritual board of Central Asia and Kazakhstan)가 타시켄트에서 조직되었는데 이 단체가 공식적으로 중앙아시아 무슬림의 핵심적인 역할을 담당하였다. 이 단체가 조직되면서, 무슬림들의 종교 행동은 당국에 의해 엄격히 금지되었고 공인된 활동만 허락되었다. 결과적으로 SADUM은 중앙아시아 무슬림들을 억압하는 역할을 하게 되었다.

페레스트로이카 시기 중앙아시아 이슬람 부흥

페레스트로이카에 의해 이슬람이 부흥하게 된 계기는 두 가지 방향에서 일어났다. 하나는 소위 이슬람 원리주의의 '부흥'을 추구한 이슬람주의자들의 행동이다. 이들은 타지키스탄과 우즈베키스탄의 시골 지역에 주로 거주하는데, 특히 페르가나 계곡에 이러한 지도자 그룹이 많았고 이슬람 물라와 제자들에게 기본적인 존경을 받았다. 그들은 소비에트 체제 아래에서도 이슬람 교리와 학풍을 간직하면서 이 지역에 뿌리를 내리고 있었다. 이 이슬람 원리주의자들은 당시 소비에트 체제의 중앙아시아 공화국 정치 지도자들에 탄압을 받을 수밖에 없었다.[115]

1980년대에 고르바초프에 의해 시작된 페레스트로이카는 소비에트 체제하의 중앙아시아 사회와 정치 운동의 민주화 요소로 기능하였고, 그 결과로 이슬람주의자들은 외부적 환경이 자유스러워졌음을 인식하면서 이슬람의 정치화에 대한 여건이 성숙되었다고 판단하였다. 이 같은 경향은 이미 페레스트로이카가 시작되기 전인 1970년대부터 중앙아시아와 중동아랍의 이슬람 교류를 꾸준히 행해왔기 때문에 가능했다. 1980년대 우즈베키스탄과 타지키스탄에서 페레스트로이카의 영향으로 소비에트 체제의 정치적 불안정성은 고조되었다. 이에 따라 민족 정체성 및 민족 문화에 대한 관심이 늘어나 이슬람 원리주의에 대한 긍정적 관점이 제기되면서 중앙아시아의 정치적 이슬람주의자들은 이슬람 부흥뿐만이 아니라 권력 쟁취라는 거대한 전략적 목표를 채택하게 되었다.

4. 1991년 독립 이후 중앙아시아 이슬람

이슬람의 부흥과 전통성

독립 이후 중앙아시아 사회는 급변했다. 근대적 의미의 국민국가가 중앙아시아에서 출현했다는 사실 자체가 세계사적 의미를 지닌다. 세계화 시대에 탄생한 중앙아시아 국가는 매우 가변적이고 복잡한 주위 환경에 둘러싸여 있다. 과거 소련이 지배한 유라시아에 지정학적 다원주의가 출현하면서, 중앙아시아의 국제적 헤게모니를 놓고 미국과 러시아, 중국 등 강대국들의 패권적 전략이 다양화되었다.

이러한 흐름 속에서 중앙아시아 이슬람은 독립 이후에 어떠한 특성을 보이고 있는 것인가? 일반적으로 중앙아시아 이슬람의 흐름을 크게 2가지로 분류한다.

첫째, 이슬람 부흥을 '전통주의'와 연결하여 해석한다. 모스크바 국립대 민족학과의 '폴라코프' 교수는 20세기에 들어 중앙아시아 사회 구조는 실제적으로 변하지 않았다고 주장한다. 마찬가지로 '이슬람의 붐' 시기에도 중앙아시아 사회 양식과 국민 인식은 급진적으로 변하지 않았다는 것이다. 폴라코프 교수는 독립 이후에도 일반 사회 기관이나 마을 공동체에 이슬람 본연의 전통적 특징이 고스란히 유지되고 있다고 설명하고 있다.[116]

중앙아시아에서 이슬람의 부흥이라고 언급할 때에는 소위 급진적 경향의 원리주의뿐만이 아니라 수피즘 등 전통적 이슬람의 부흥을 동시에 의미한다. 최근 이슬람 원리주의가 전세계적 테러리즘과 연계되어있어 원리주의라는 용어 자체가 폭력적 경향의 성격을 가지고 있는 것으로 해석되어왔다. 그러나 중앙아시아 이슬람은 다양하고 복합적인 성격을 보여 왔다. 70년간 소비에트 체제의 무신론 정책으로 인해 중앙아시아 이슬람은 수면 아래에 잠복되어 있었지만, 독립 이후 중앙아시아의 지리적, 지정학적 이점을 활용하려는 강대국의 관심 대상 지역이 됨으로써, 이 지역의 종교와 문화 정체성은 중앙아시아 국민과 사회를 이해하는 바로미터가 되었다. '아키너'는 독립 이후 다양한 교의와 관념들, 정치적 배경 등이 연관되면서 이슬람 자체에 대한 인식론적 해석과 행동 강령이 일치되지 않았다고 주장한다.[117]

극단적 성격을 지니지 않은 이슬람은 소위 전통적 이슬람으로 간주된다. 이러한 전통성을 가지고 있는 중앙아시아 이슬람을 수피즘이라 부르고 특유의 종교 양식인 수피즘은 이슬람 원리주의와는 추구하는 형식과 이데올로기, 목표가 상이한 관점을 보여준다. 수피즘은 중앙아시아의 전통적 이슬람으로 소비에트 정부의 총체적인 反이슬람 정책에도 불구하고 휴일에 종교적 축일을 준수하거나 장례식이나 결혼식에 이슬람 전통이 명목상 유지되어왔다. 할례 풍습도 중단되지 않았다. 무슬림과 러시아정교도의 공동묘지는 분리되어 유지되었다. 소비에트 정부도 이러한 종교적 전통을 완전히 무시하지는 못하고, 그 대신 국가 통제의 방식으로 중앙아시아 무슬림협회인 '무프티앗'(Muftiat)을 설립하였다. 공식적인 이슬람, 혹은 병렬 이슬람으로 명명하는 계기가 된 사건이다. 상기에 이미 언급했듯, 이를 SADUM이라 명명하고 1943년에서 1991년까지 존속한 기구이다. 공식이슬람의 등장으로 일부 해외 이슬람 신학교에 대한 입학도 허가되었고, 일부 사람들에게 성지 순례도 허가되었다. 이슬람 국가에서 고위 성직자의 방문도 이루어졌다. 이 기구는 소련과 중앙아시아 무슬림을 연계하는 역할을 하였다. 그러나 국가주도의 기구였기 때문에 보수적인 무슬림들은 이 권위에 도전하기 시작했다.

이와 또 다른 견해는 독립 이후 중앙아시아 사회의 가장 급진적인 변화는 이슬람 원리주의 단체가 등장하여, 종교사회의 변화가 급진적이라는 주장이 있다. 이슬람 원리주의는 근본주의로 불리며, 복합적 의미를 지니는 용어이다. 아직까지 학계에서조차도 뚜렷한 정의를 내리지 못하고 있다.[118] 독립 이후 이슬람 원리주의가 급속도로 확산되었다고 주장하는 학자들은 1990년대 이후의 이슬람은 중앙아시아의 전통적 이슬람과는 변별성이 있는 새로운 형태의 이슬람이라고 강조하고 있다. 중앙아시아 이슬람은 과거의 전통적 관습과 연결된 수동적 이데올로기가 아니라 초기 무함마드와 이후의 4대 칼리프 시절의 '순수한' 이슬람이 부각되고 있다는 것이다.[119] 즉 원리주의는 중앙아시아의 민중 이슬람인 수피즘과 같은 미신적,

전통적, 관습적 형태의 이슬람이 아니라 오직 '코란과 순나'의 권위만을 인정하는 이슬람으로 해석된다. 이슬람 원리주의는 서구에 대한 거부로 식민주의 세력과의 협력은 항복이나 반역으로 간주되고 현대식 서구 교육은 이슬람 종교에 대한 위협으로 보았는데, 바로 이것이 이슬람 원리주의의 모태가 되었다. 역사적으로는 18세기 말부터 시작되었다.120) 중앙아시아 이슬람 원리주의는 다음 장에서 자세히 언급하도록 한다.

중앙아시아 이슬람과 국내외관계

현재 중앙아시아에서 서방과 러시아는 이 지역의 주도적 패권을 놓고 치열한 헤게모니 경쟁을 벌이고 있다. 우즈베키스탄이 대표적이다. 우즈베키스탄은 친서방 경향의 대표적인 다자 연합체인 GUUAM에 한때 가입했다가 2005년 GUUAM을 탈퇴하고 러시아와 밀접한 관계를 맺으면서, SCO(상하이협력기구)에 가입하여 친러 경향의 외교 노선을 걷고 있다. 카자흐스탄은 국가의 경제 건설을 위하여 러시아와 미국, 서방 각국의 투자를 적극적으로 유치하면서 급속한 경제발전을 이룩하고 있다.

중앙아시아 지도자들은 자국의 내부 안정성을 추구하는 국가전략이 핵심적인 대외전략 요소라고 판단한다. 독립 초기에 중앙아시아 지도자들이 이슬람을 민족 정체성의 통합 수단으로 활용하고, 민족주의를 고양하는 정책을 펼친 이유도 사실상은 자신들의 정권을 공고히 하는 것이 그 일차적 목표였다. 그러므로 이들 국가는 급진적인 이슬람주의가 국가 내분의 균열 요소가 되는 것을 엄격히 방지하고 있다. 우즈베키스탄의 카리모프 대통령을 중심으로 정치지도자들은 정권 초기에 유연한 이슬람 정책을 펼쳤는데, 그 이유는 국가건설의 초기 단계에 안정적 통치 질서가 필요했기 때문이다.

우즈베키스탄 정부의 반 이슬람 정책 및 탄압

일부 학자들은 우즈베키스탄 정부의 강력한 탄압 정책을 비난하기도 하였다. 실제적으로 우즈베키스탄 무슬림들에 대한 전반적인 정보가 국제사회의 주요 미디어에 의해 무시되거나 중요하게 취급되지 않는 측면이 있다. 국제사회는 중앙아시아 무슬림의 생활에 기본적으로 무관심하다는 것이다. 우즈베키스탄 무슬림의 종교적 활동도 정부에 의해 많이 왜곡되었다는 시각이 존재한다. 2002년 우즈베키스탄을 방문하고 작성된 UN 특별보고서도 이에 대해 언급하고 있다.[121] 2002년도 보고서는 다음과 같은 내용을 싣고 있다. "우즈베키스탄의 무슬림들은 이란, 파키스탄, 팔레스타인 등, 정치적으로 활발히 활동하고 있는 무슬림들과의 접촉이 거의 없다. 오로지 전 세계의 무슬림들이 모이는 메카 순례 때에 외국 무슬림들을 접촉할 수 있다. 보통 3,000-5,000명의 우즈베키스탄 무슬림들이 매년 메카로의 순례여행을 떠난다. 그러나 그들은 항상 우즈베키스탄 정부의 보안 관리를 받거나 정부 관리의 감시를 받고 있다. 정부는 무슬림 대표자들이 해외의 무슬림들과 정치적으로 접촉하는 것을 방해하기 위해 관리들을 파견하였다. 이런 관계로 우즈베키스탄 무슬림들은 전 세계 무슬림운동에 거의 참여하지 못하고 지역적 수준에 머무르고 있는 상황이다. 소련의 붕괴로 SADUM은 각각 5개로 나누어지고 서로 간에 의사소통도 거의 이루어지지 못하고 있다. 이것이 중앙아시아 무슬림들의 현실이다."

중앙아시아 이슬람과 중앙아시아 정치적 경향과의 관계

그렇다면 독립 이후 중앙아시아의 정치적 불안정성은 이슬람 급진적 원리주의자들의 확산과 어떠한 연관관계가 있는가? 중앙아시아의 불안정성은 러시아 등 외부세력과 어떠한 함의가 있는 것인가?

이슬람 원리주의는 중앙아시아를 둘러싸고 있는 주변 국제세력과의 연관 요소로 작용해왔다. 즉 이를 위해 중앙아시아와 러시아, 소련과의 역사적, 대내외적 관계가 일차적으로 중요한 분석 대상이 된다. 소련의 해체로 과거 소연방의 정치 엘리트들의 정치적 위상에는 다양한 변화들이 있어왔다. 소비에트 시대 중앙아시아의 공산 관료들은 대부분 신생 공화국의 정치적 수장이나 지도자 그룹으로 생존해왔다. 과거의 소비에트 체제와는 다르게 권력은 새로운 합법성을 가지게 되었다. 국민들의 합법적 선거 참여로 엘리트들은 권력을 이어갔다. 뒤이어 합법적 야당도 형성되었다. 정치적 야당들은 합법적이거나 비합법적 방식을 통해 구엘리트와 정치적 동반관계를 이루었다.

다른 지역과는 다르게 중앙아시아에서는 키르기스스탄을 제외하고는 정권 교체가 원활하게 이루어지지 않았다. 과거 구공산주의자와 정치 엘리트들은 여전히 소비에트 붕괴 이후에도 권력을 쟁취하였고, 권위주의 정부를 출범시켰다. 우즈베키스탄과 투르크메니스탄의 야당 정치 엘리트들의 정치 활동은 금지되었다. 역사상 최초의 독립 국가가 건설되었음에도 불구하고 소비에트 체제의 대표적 특징인 권위주의와 전체주의가 여전히 중앙아시아에 남아있다.

중앙아시아 이슬람의 반 외세적 경향

독립 이후 중앙아시아 이슬람의 특징은 전반적으로 반외세적 경향을 보여주었다. 반정부적 요소도 동시에 존재하고 있다. 1990년대 들어 중앙아시아에서는 '삶의 이상향'을 향한 추구와 소련의 해체라는 자연스러운 이데올로기 해방이 반정부, 반외세로 발전하였다. 우즈베키스탄에서 야당 세력은 지하로 숨어버렸다. 그들은 그 대신 이슬람 극단주의라는 무기를 들고 등장하였다. 이 이념적 무기는 인간 사상의 자유로운 교류나 이데올로기적 향수가 아니다. 이들은 신정국가 건설을 목표로 하면서 반정부적 활동을 벌였다. 우즈베키스탄의 카리모프 체제는 이들을 억압하기 위한 슬로건으로 대항적 용어를 만들어냈다. 반체제적인 모든 형태의 이슬람 조직이나 회합, 공동체는 '이슬람 원리주의자'들이고 극단주의자라는 딱지가 붙여진 것이다.

1990년대 내전을 치르던 타지키스탄의 중앙정부도 원리주의자들과 야당의 세력을 억압하였다. 타지키스탄의 야당과 원리주의자들은 모든 민주주의 슬로건을 내버리고 그 자리에 원리주의 이념을 강하게 주장하기 시작했다. 이에 대한 반발로 타지키스탄 야당도 군사무장을 하면서 내전이 벌어졌던 것이다. 타지키스탄의 원리주의자들은 타지키스탄 공산 정부를 지원한 러시아에 반대하여 투쟁하였다. 결국 1998년에 타지키스탄 정부는 야당과 평화 협정을 체결하면서 내전을 종식하고 야당에 30%의 공직을 양보하는 방식으로 극적인 타협점을 찾았다. 타지키스탄 야당도 자신들의 극단적인 주장이나 이슬람 급진주의적 활동을 중단하기로 약속했다. 타지키스탄의 급진주의자들인 와하비스트 들은 국가의 일반 관리직으로 되돌아갔다.

타지키스탄 내전
(출처: http://cafe.naver.com/historygall/6048)

중앙아시아 이슬람의 반 러시아적 경향

독립 이후 중앙아시아 이슬람 원리주의는 러시아의 국가전략과 기본적으로 상충된다. 현재 러시아는 9.11 사태 이후 미국이 중앙아시아에 적극적인 개입정책을 내세우면서 중앙아시아 국가들에 대한 영향력을 상당부분 상실하였다. 그러나 러시아는 '강대국 러시아건설'을 위해 2005년 안디잔 사태를 계기로 과거의 위상을 많이 회복하였다.

중앙아시아는 소연방의 붕괴 이후에도 러시아의 지전략적 핵심 공간이다. 이슬람 원리주의자들의 세력 확대로 내전을 경험한 타지키스탄의 국경에는 러시아군 수비대가 배치되었다. 타지키스탄 정부는 러시아에 상당히 우호적이다. 러시아가 타지키스탄 내전 시기에 공산주의 정권에 군사 지원을 하게 된 이유도 중앙아시아 지역에 대한 사활적 국가전략의 일환이었다는 해석이 있다. 2012년 10월에 푸틴 대통령은 타지키스탄을 방문하고 오는 2042년까지 향후 30년 동안 타지키스탄에 러시아군 주둔을 연장하는 데 합의했다.

러시아로서는 중앙아시아 정부가 친러 정책을 견고하게 보여주기를 강력히 희망하고 있다. 러시아의 입장에서 과거 소련의 지배

하에 있던 이 지역에 대한 영향력을 어떻게 유지하고 증대시켜 나가느냐의 문제가 러시아의 핵심적인 지전략적 과제이다.[122] SCO 등 다자 협력기구를 중심으로 중앙아시아 국가들은 투르크메니스탄을 제외하고 현재 대체적으로 친러 입장을 보이고 있는 상황이다. 독립 이후에 친미 전략의 국가전략을 선택한 우즈베키스탄이 친러로 돌아서게 된 배경은 안디잔 사태와 키르기스스탄의 레몬혁명 때문이었다. 이를 통해 이슬람 원리주의단체가 반러시아 입장을 가지고 카리모프 정부에 대항하였다.

우즈베키스탄의 대외정책은 국내정치의 변화가 어떻게 전개될 것인지, 러시아, 미국 등 강대국과의 관계 설정을 통해 어떠한 국가이익을 공고히 할 수 있는 것인가가 매우 중요한 요소로 간주되고 있다.[123] 대표적 원리주의 단체인 IMU(우즈베키스탄 이슬람 운동)의 지도자인 율다세프는 다음과 같이 언급했다.[124]

> 우즈베키스탄 정부는 볼셰비키들과 투쟁하지 않았다. 그들은 우즈베키스탄의 신성한 시민들인 무슬림들과 전쟁을 벌이고 있다. 이 세속 정부는 이스라엘에서 행하고 있는 반 이슬람 정책을 되풀이하고 있다. 이들의 이러한 행위로 말미암아 우리는 반정부, 반외세적 투쟁을 지속할 권리를 스스로 가질 수 있는 것이다.

5. 중앙아시아 이슬람의 전망

하나의 지역이나 권역권에서 이념적 체계를 통하여 이질적인 문화 접변 현상을 경험할 때에 그 민족의 주체성이 형성된다. 그리고 지리적, 문화적 경계를 뛰어넘어 또 다른 문화권과의 갈등이나 투쟁 등을 통해 국민성 등이 형성되는 것은 당연한 일이 된다.

하나의 권역권이라는 중앙아시아 전체성을 대변해줄 수 있는 이데올로기가 어떠한 방식으로 중앙아시아인들에게 존재할 수 있을까? 결론적으로 이슬람은 중앙아시아인들에게는 하나의 문명이며 삶이다. 중앙아시아 이슬람의 문화적, 정치적 체계를 분석하는 것은 오늘날 신생 독립국으로 시작된 중앙아시아 각국의 국내외적 상황과 그 전망을 모색할 수 있는 매우 중요한 일이 된다. 중앙아시아 이슬람은 영적, 정신적, 민족적 요인으로 작용했다. 문화사의 중심핵은 이슬람이었다. 제정러시아와 소연방은 역사적, 정치적 현장에서 사라졌다. 중앙아시아의 종교적, 이데올로기적, 정신적 토대는 상당한 부분 중앙아시아 이슬람의 역사적 과정 속에서 나타난 對러시아 저항정신에서 배태된 것이라고 정의할 수 있다. 이슬람 특성은 중앙아시아 특유의 씨족적, 종족적, 투르크적 민족 문화의 통합성 속에 유입되고 중앙아시아 국민성에 지속적인 영향력을 끼쳐왔다.

여전히 중앙아시아 이슬람의 역사적 상황은 커다란 관심의 대상이 될 것이다. 중앙아시아의 내부적, 외부적 상황은 상당할 정도의 변혁의 요소를 가지고 있고, 정치와 경제, 사회, 문화, 국제관계 분야에서 다양한 변인 요소에 따라 중앙아시아의 국가건설과 민족 정체성은 일정한 영향을 받을 것으로 전망된다. 중앙아시아는 지금 체제전환의 역사적 과정이 진행되고 있으며, 이슬람 문명, 이슬람 문화는 국민들의 정신 체계와 인식, 행동 양식에 지속적 영향력을 담지할 것으로 예상된다.

II. 중앙아시아와 중동아랍의 이슬람 원리주의

본 글은 중앙아시아 이슬람이 중동 아랍과 어떠한 연관 관계를 가지고 있는지를 분석한다. 1991년 소련의 붕괴라는 역사적 대전환의 시기에 신생독립국으로 등장한 중앙아시아에서 이슬람의 가장 중요한 키워드는 전통성과 원리주의로 대변된다. 전통성이 중앙아시아 역사, 문화, 전통 사회와 연결된 이슬람의 특성이라 한다면, 원리주의는 중동아랍에 그 역사적 기원을 가지고 있다. 이슬람 원리주의는 여전히 중앙아시아의 현 세대에 매우 강력한 영향력을 가진다.

1. 중동아랍 이슬람 원리주의의 기원과 특성

이슬람 원리주의의 기원과 무슬림 형제단

이슬람은 국가와 지역의 경계를 초월하고 있는 종교이다. 이슬람은 다양한 형태로 나타난다. 이슬람은 현대 세계에서 평화적 교의로 해석된다. 그러나 다른 측면에서는 저항, 공격, 테러 등의 사건으로 나타난다. 이슬람 원리주의가 지역과 경계를 초월하여 다른 문화권을 가진 민족과 어떠한 형태로 접목되고 있는지는 최근의 매우 중요한 연구대상이다. 이슬람 원리주의는 이슬람 근본주의라고 명명된다. 원리주의는 일반적으로 종교적 영역에서 나타나는 이념으로 이슬람뿐만 아니라 기타 종교에서도 나타나는 현상이다.

알카에다 지도자 빈 라덴

이슬람 원리주의는 이념적 경향의 하나로 '초창기의 이슬람'으로 돌아가자는 운동이다. 소위 말하는 황금시대로의 복귀이다. 이슬람 전공 학자들은 "이슬람 원리주의는 공적, 사적 행동 규범이 이슬람의 초창기 정신으로 회귀되는 것"이라고 강조한다. 무슬림 공동체는 '원래의 순수한 이슬람'으로 돌아갈 때에 부흥이 가능하며, 정치적, 종교적, 사회적 갱신을 통해서 원리주의가 무슬림 사회에 정착될 것이라고 주장했다. 이슬람 원리주의는 (Islamic Fundamentalism) 영어권 학술지 또는 대중매체에서 이슬람의 부활(Islamic resurgence), 정치적 이슬람(Political Islam)이라는 용어로 불려졌다.[125] 서방에서는 테러리즘과 연관된 극단적, 급진적 이념을 주장하는 그룹을 원리주의 단체로 규정하는 경향을 보이기도 한다. 서구에서는 1970년 이후 '이슬람의 붐' 시기에 근동에 출현한 이슬람 정당, 이슬람 단체, 이슬람 극단주의 무장 세력을 총체적으로 부르는 용어가 '원리주의'이다.[126]

이슬람 원리주의의 역사적 기원은 언제부터인가? 원리주의는 본질적으로 초기 정통 칼리파 시대에 이슬람 신정국가로 시작된 이상적 질서로 회귀하자는 주의이며, 코란과 이슬람 율법인 샤리아로 국가의 정치적, 사회적, 경제적 삶이 규정되어야 한다는 인식을 말한다. 학자들은 18세기중엽 아라비아반도에서 시작된 와하비(Wahhabi)

운동이 원리주의의 핵심적 사상의 체계가 되었다고 주장한다. 무함마드 이븐 압드 알 와합(Muhammad ibn' Abd al-mahhab)은 이슬람 사회에서 누적되어온 신학적 변질과 사회적 악습에 대한 반발로 순수한 이슬람을 회복하자는 운동을 시작할 것을 주장하였다. '이븐 압드 알 - 와합'은 오직 코란과 순나만을 인정하고 신학적 해석, 신비주의, 그리고 미신 등을 이단으로 부정하였다. 같은 시기 '이븐 사우드'는 정치적, 군사적 지도자로서 신정국가의 의미인 이맘이라는 칭호를 사용했다. 그의 교리는 '이븐 한발'과 '이븐 타이미야'의 엄격한 해석주의를 추종하는 것이다. 두 사람은 와하비 교리를 전파하기 위한 연합에 동의하였다. 그들은 수피 종단과 시아 종단의 성소 방문 관습도 금지하였다.127) 이 운동은 근대 이슬람 개혁운동의 효시이자 근본이념으로 성장하였다. 와하비 사상은 이슬람 원리주의 운동에 절대적 영향을 끼쳤다.

14세기 '이븐 타이미야'에 의해 구체화된 전통적 순니 사상인 이슬람 4대 법학파중 하나인 한발리파 사상은 전통보수주의 운동으로 출발하여 9세기 바그다드에서 대규모 대중운동으로 발전하였고 중세 이슬람 원리주의 사상의 본보기가 되었다.128) 정치적으로 메카와 메디나를 장악하고 종교적으로 청교도주의와 일신론을 주창하며 한발리파 사상을 적극적으로 계승한 와하비 사상은 아라비아 반도뿐만 아니라 이슬람 세계로 널리 전파되었다(이슬람세계란 이슬람을 국교로 정한 나라와 무슬림이 다수파를 차지하고 있는 모든 나라의 집합을 의미한다. 현재 이슬람 기구 소속 56개 국가 약 13억 인구가 포함되어 있다. 이슬람 세계는 중동 세계를 포함하여 동남아 지역과 동유럽 일부 및 아프리카 지역이 포함된다).

와하비즘은 수피즘 등, 전통적 이슬람과는 이질적 측면이 있었다. 수피즘은 이슬람 예식을 중시한다. 반면 와하비즘 신봉자들은 이슬람 정통칼리프 시대 이후 이슬람의 고유한 정신이 세월이 흐르면서 본질을 벗어났다고 판단한다. 그러므로 와하비즘의 초창기 이념은 이상적 무슬림 공동체의 건설이었다.[129] 지나친 이성주의를 비판하고 쿠란과 하디스의 권위만을 절대적으로 강조한다.[130] 와하비즘의 영향력은 아라비아반도에서 창시되던 초기에는 지방의 수준에 머물러 있었고, 기타 이슬람 종파와 이념에 비해 그 영향력이 제한되어 있었다.

초창기 원리주의의 본질은 폭력적 현상과는 일정한 거리를 두고 있다는 것으로 해석될 수 있다. 주지하듯, 오늘날 이슬람 원리주의를 언급할 때는 폭력성이나 급진주의가 연상되기 때문에 이슬람 본래의 칼리프 시대의 원형적 특성인 원리주의, 즉 근본주의와는 그 속성이 근본적으로 다르다고 할 수 있다. 이슬람 원리주의가 현대인의 의식에서 소위 '부정적 시각'으로 인식되고 있다면 이는 객관성을 일정 부분 상실하였다는 의미이다. 이슬람 원리주의는 이슬람 교리가 국가 정체성의 모든 영역인 정치·경제·사회·문화 등을 포괄, 이러한 의식이 공동체성과 국가성의 기반으로서의 특성을 가지고 있어야 한다. 최근의 국제 분쟁이 이슬람권 지역에서 많이 발생함에 따라 이슬람 원리주의는 분쟁과 투쟁, 전쟁의 이미지로 고정된 측면이 있었다.

중동아랍의 이슬람 원리주의

이슬람은 중동아랍에서 시작된 고등종교이다. 중동아랍이라고 할 때 '아랍'은 아랍어를 국어로 사용하고 이슬람을 국교로 정한 나라들의 집합체를 의미한다. 아랍연맹에 속해있는 22개국을 아랍, 혹은 아랍세계로 부른다. 이들 국가는 언어적, 정치적으로 결속되어 있다. 이 국가들은 시리아, 레바논, 요르단, 팔레스타인, 이라크, 사우디아라비아, 쿠웨이트, 바레인, 카타르, UAE(아랍에미레이트), 오만, 예멘, 이집트, 수단, 지부티, 소말리아, 리비아, 튀니지, 알제리, 모로코, 모리타니아, 모로코 등이 포함된다. 중동이란 유럽중심의 시각에서 정해진 지정학적 개념이다. 그 기원을 살펴보면 1902년 미 해군제독 알프레드 마한이 페르시아만 주변 지역을 처음으로 중동이라 부른 데서 유래한다. 아랍연맹에 포함되어있지 않은 이란과 터키는 중동지역에 포함된다. 16세기 이후로 오스만 투르크(현 터키공화국)가 무슬림 세계의 수장의 역할을 하였다. 그러나 역사적, 종교적 이념의 측면에서 중근동의 사우디아라비아나 이집트 등도 이슬람 세력권의 핵심국이었다. 중동아랍의 이슬람이 중앙아시아에 전파되었다. 중동 아랍의 이슬람 원리주의가 기본적으로 중앙아시아 이슬람 원리주의에 영향력을 미쳤다. 한 지역의 특정한 믿음의 체계나 정신적 요소가 외래지역과의 역사적, 문화적인 유대를 통해서 그 정체성으로 정착될 수 있는 것이다. 본 글의 중요한 핵심은 바로 이러한 부분에 있다.

중동아랍의 이슬람 원리주의는 어떤 원칙과 내부 발전 과정을 거쳤을까? 중동아랍에서 원리주의는 일반 국민들의 경제적 고통, 침체, 그리고 도덕적 가치가 상실된 시점에 전통적 무슬림 사회 대중들의 열망에 부합하여 탄생되었다. 이슬람 원리주의가 등장하게 된 강력한 배경은 이슬람 세계가 전통적으로 추구하던 가치에 대한 열망, 즉 이슬람 사회의 결속, 이슬람 공동체 구성원들의 통일과 일치의 단계, 그리고 이슬람 종교 의식에 무슬림 구성원들이 참여해야 한다는 당위성으로서의 동일한 의식 때문이었다. 무슬림들은 전통적으로 일반 공민 생활이나 정치적 삶에 있어 모든 구성원들의 평등이라는 이념을 성취하고자 하는 존재론적 인식을 공유하고 있다. 또한 사적 소유권을 줄기차게 추구하는 축재(蓄財)를 거부하는 분위기에서 원리주의가 생성되었다. 19세기 중동아랍의 이슬람 원리주의 형성 시기에 초기 정통칼리파 시절의 원리주의 이념으로 회귀하자고 주창한 무슬림 그룹은 경제적 부와 도덕적 관념 사이에서 평등의 원리를 강조하였다. 그리고 그들은 정당한 권력, 사회공동체의 법과 의무 준수에 따른 엄격한 도덕적 기준, 즉 과소비와 종교적, 문화적 차별의 제거를 주장하였다. 당시 이슬람 사회는 반서구적 경향을 보이고 있었기 때문에 이슬람 원리주의가 출현할 수 있었던 배경이 되었다.

무슬림형제단의 출현

중동 이슬람 원리주의는 20세기 후반기에 들어 일부 원리주의 단체를 중심으로 급진적 이념의 형태를 띠었다. 일반적으로 원리주의는 이슬람에만 존재하는 이념은 아니다. 원리주의는 기독교를 비롯한 기타 종교에도 존재하며 전통적, 보수적 종교 이념을 강조하는 그룹과 사회적 환경의 급진적 변화를 주장하는 그룹 간에 이념적 충돌로 발생하기도 한다.[131] 이슬람 원리주의의 급진적 특성이나 폭력적 양상은 중동아랍에서 본격화되었다.

급진적 이슬람 원리주의의 특성을 보인 대표적 단체는 '무슬림 형제단'(the Muslim Brotherhood)이었다. 이 단체는 학교 교사로 재직 중이던 '하산 알반나'에 의해 이집트의 도시인 '이즈마일리야'에서 1928년 설립되었다. 무슬림 형제단의 주요 이데올로기 강령은 "알라 – 우리의 목적, 선지자 – 우리 지도자, 꾸란 – 우리들의 헌법, 지하드 – 알라에 의해 예정된 죽음으로의 길, 이것이 우리의 가장 고

귀한 이상"이라고 언급되어있다. 이 단체의 정관에는 "나는 이성과 도덕적 차원에서도 이슬람의 지배적 역할을 획득할 것이다. 나는 이슬람의 이상을 위협하는 자유사상, 무신론 등과 투쟁할 것이다."132)라고 기록되어있다. 이 정당의 지도자들과 핵심 행동주의자들은 7-8세기 초기 이슬람 전파시기를 이슬람의 "황금의 세기"로 이상화했다. 19세기 말 중동아랍의 아프가니와 무하마드 압둘라의 원리주의 사상을 철저히 승계하는 것을 목표로 삼은 이 단체는 근대화 정책과 서구적 정치와 사회 양식을 거부하고 이슬람교도는 이슬람의 신조, 도덕, 행동양식을 규정한 샤리아를 엄격하게 준수하고 움마(이슬람 공동체)를 재건해야 한다고 주장하였다. '무슬림 형제단'은 목적 달성을 위해 단일한 종교적 깃발아래 무슬림 정부의 연대를 강조한다. 즉 칼리파 신정국가의 창설을 목표로 하는 것이 무슬림형제단의 신조이다.

무슬림 형제단은 이집트 내에서 다양한 지파가 조직되면서 급속한 발전을 하게 된다. 그렇다면 이 단체가 출현하게 된 배경은 무엇일까? 20세기 들어 아랍중동 국가들은 이슬람 이념과 관계없이 1-2차 세계대전을 거치면서 정치, 경제, 사회 분야에서 각국의 이슬람 이념과 국가 이익을 개별적으로 주장하며 여러 세력으로 분할되어 있었다. 이러한 상황이 무슬림 형제단의 탄생 계기이다. 특히 1923년 터키공화국의 아타 튀르크가 이슬람세계에서 최초로 칼리파 제도를 폐지한 이후에 이집트 무슬림들은 이슬람 질서를 정착시키겠다는 강력한 이념을 표방하게 되었다. '하산 알바나'는 이러한 시대적 분위기에서 이슬람의 초기 사상의 근간으로 복귀하자는 운동을 제창하였던 것이다. 1940년대까지 무슬림형제단은 200만 명 이상의 회원과 전국적으로 2000개 이상의 지부를 가진 강력한 단

체로 발전하였다.[133)]

이 단체의 영향력이 가장 고조된 시기는 이슬람 지하 조직인 "자유장교단"과 연대를 시작하던 1940년대 말이었다. 이 두 단체는 친(親)영국 경향의 이집트 정치 지도자들에 대한 테러를 시작하면서 정부 전복을 시도하였다. 무슬림형제단은 비합법적 단체로 규정되기도 하였지만, 1951년에 재차 합법화되었다. 1950년대에 이 단체의 가장 중요한 이데올로기 이론가는 '사이드 쿠트브'(Sayyid Qutb)이다. 그는 이슬람 원리주의 경향을 대표하는 인물이며, '지하드'의 의미를 근본적으로 숙고하였는데, 지하드는 이슬람신도들의 개인적, 영적 추구의 단계를 벗어나 이교도에 대한 군사적 투쟁을 감행하는 것이 진정한 알라의 뜻이라고 설파하였다. 또한 그는 이에서 한걸음 더 나아가 무슬림 행동 강령을 준수하지 않고 마치 이교도처럼 살아가는 무슬림들에 대해서도 동일한 방식으로 폭력으로 다스려야 한다고 주장하였다. 그는 "신앙의 배신자는 비록 그가 이교도와 전쟁을 치를 상황에 있지 않다고 하더라도 반드시 죽어야 한다. 그들은 이교도와 거의 같은 부류이다. 이교도의 죽음은 우리에게는 아무런 의미가 없다."라는 강한 투쟁적 이념을 설파하였다.[134)]

중동아랍의 이슬람 원리주의의 급진적 성향과 출현 원인

그렇다면 무슬림형제단 등 중동아랍의 이슬람 원리주의가 급진주의적 성향을 지니게 된 것은 어떤 이유 때문이었을까? 이슬람 전문가들은 외부세력의 개입이 급진주의가 대두한 가장 큰 이유라고 해석하고 있다. 특히 미국과 이스라엘의 국제적 연대는 중동아랍의 무슬림들에게 정치적, 종교적 각성을 일으킨 계기가 되었다. 이슬람 원리주의의 급진적 경향은 1960년대 이후 중동의 이슬람 부흥

시기와 겹치고 있다. 중동과 아프리카에서 많은 국가들이 독립을 쟁취하고 국가건설의 과정에서 각 독립 국가의 민족 주체성이 새롭게 형성되면서 반미 분위기가 고조되던 시점이었는데, 미국이 이스라엘을 정치적으로 지원함으로써 중동아랍의 원리주의는 폭력적 성향을 급속도로 띠게 되었다.135)

1950년대에 팔레스타인전쟁에서 중동아랍 국가들이 이스라엘에 패하면서 팔레스타인문제가 국제사회에 크게 부각되었다. '팔레스타인 해방당'은 팔레스타인의 전쟁 패배를 "모든 무슬림 사회의 가장 큰 굴욕적 사건"으로 팔레스타인의 비극으로 간주하였다. 이 결과로 중동아랍에 "무슬림 형제단" 이외에 이슬람 급진주의 단체가 출현하기 시작했다. 특히 무슬림 형제단은 이스라엘의 승리로 인해 전체 아랍 사회가 침체에 빠지자 反이스라엘 행동을 실천에 옮기기 시작했다. 무슬림 형제단은 중동아랍의 다수 국가에 조직되기 시작되었고, '이슬람 해방당'(히즈브 웃 타히르 알-이슬람)이 1950년대 초에 요르단 서안에 최초로 창설된 배경도 무슬림 형제단의 활동에 따른 결과였다.

이슬람 해방당은 이슬람 칼리파 국가건설, 즉 신정국가 건설을 목표로 하고 지금도 중앙아시아에서 이슬람 해방당의 핵심 목표는 신정국가 건설이다. 중동아랍의 이슬람이 급진적 성격을 가지게 된 배경은 1967년 동예루살렘을 점령한 이스라엘의 反이슬람 팽창주의 정책이 그 원인이 되었다. 러시아의 동방학자인 '쿠드랴프체프'는 이에 대해 "이스라엘의 강점으로 예루살렘의 아랍인들은 이스라엘의 기타 점령지에서처럼 정치적 압박의 피해자로 전락하고 아랍민족의 민족적, 종교적 감정에 큰 상처가 생겼다."136)고 밝히고 있다. 특히 무슬림들이 받아들이기 어려웠던 사건이 일어났는데,

1969년 8월 이슬람 제3의 성지로 일컬어지는 '알 – 아크사'(Аль-Акса) 성전에 대한 방화사건이었다. 이슬람의 급진성은 바로 근동의 위기와 연관되어있다.

이 시기에 "이슬람 발전의 길"이라는 슬로건으로 무슬림 형제단 운동이 강화되었는데, 무슬림 형제단은 신정국가의 창설이라는 원리주의 이념을 따르지 않고, 사회주의적 발전의 길을 선택한 이집트, 시리아, 알제리 등 아랍국가에도 반기를 들고 급진주의 운동을 더 강화시켰다. 특히 1970년대 들어 이란에 회교 혁명의 분위기가 성숙되면서 이란 사회에 정치적 동요가 강하게 일어났다. 이란에서는 호메이니의 이슬람 혁명으로 민중들이 이슬람이라는 종교적 단일성으로 뭉칠 수 있는 계기가 되었고 이로 인해 다양한 종교-정치적 조직체가 이슬람 세계에 나타나기 시작했다. "알라 정당"이 대표적이다. 이후 무슬림 극단주의 단체인 "이슬람 지하드"가 발족됐다. 이 단체의 이데올로기 강령은 이란 회교 혁명을 성공시킨 '아야톨리 호메이니'의 개념인 이슬람 혁명의 가장 중요한 목표라고 할 수 있는 '예루살렘의 해방'이다. 또한 시리아의 이슬람 이론가인 '사이드 하바'의 폭력 전복 이론인 "이슬람 신정국가 이념에 반대하는 비이슬람 정권에 대해 강제적이고 폭력적 행동 수단을 사용해 전복시키는 행동 강령"의 이념을 이 단체는 추종하였다.[137)]

2차 세계대전 이후 이스라엘과 아랍국가간에 4차례의 전쟁이 일어나면서, 이스라엘과 중동아랍 간에 심각한 이념적, 정치적 대립이 일어났다. 1970년대 이후 중동아랍의 이슬람 부흥의 시대에 이스라엘과 미국은 공동으로 아랍 국가를 통제하기 시작했다. 1976년에서 1984년까지 레바논에서 있었던 전쟁으로 이재민은 무려 1백 25만 명에 달했다. 이스라엘의 정치적, 군사적 압박은 1982년에 정점에 이르렀고, 이로 인해 레바논 거주 팔레스타인 중 17만 5천명이 남부 레바논을 떠나 국외로 탈출하였다. 레바논 거주민들의 대량 이주로 이들은 실업 상태에 빠지면서 극심한 빈곤에 시달렸다.

이슬람 원리주의의 역사적 의미

그렇다면 상기의 관점을 중심으로 1920년대 이후의 중동아랍의 이슬람 원리주의에 대한 역사적 의미를 어떻게 해석해야 할까? 20세기 중동아랍의 이슬람에 대한 관점은 결론적으로 개인과 공동사회, 국가와 공동체적 생활을 위한 총체적 이데올로기이며, 코란과 순나는 무슬림 삶의 근간이며, 이슬람 법률인 샤리아는 코란과 무함마드의 행동을 기본으로 하는 체계이므로 샤리아가 무슬림 삶의 성스러운 행동 가치를 표현한다는 것이다. 무슬림들의 자존심, 세력, 그리고 정의 획득을 위해서 이슬람으로의 회귀, 알라의 명령과 알라의 국가와 사회의 원칙을 절대적으로 복종한다는 것이 이슬람 원리주의의 핵심적 의미라고 할 수 있다.[138] 무슬림 형제단 등 과격 이슬람 세력에 의해 주도된 중동아랍의 이슬람 원리주의는 1960년대 이후 중동아랍 세계에 꾸준한 영향력을 미쳤다. 특히 1967년에 이집트가 중동전쟁에서 이스라엘에 패배한 이후에 정치적 '이슬람화'가 급격히 촉진되었다. 전통주의와 모더니즘과 구별되는 이슬람의 부흥은 단지 정치적 슬로건이나 영적, 세속적 엘리트의 일정한 이념적 경향이라기보다는 강력한 정치적 운동의 의미였다고 볼 수 있다. 중동아랍권에서 이러한 급진적 원리주의 단체들이 출현한 이유는 기본적으로 이슬람의 종교성에 기원한다고 하겠다.

2. 중앙아시아 이슬람 원리주의의 기원과 특성

독립 이전 중앙아시아 이슬람 원리주의

이른바 중앙아시아의 원리주의를 의미하는 '와하비즘'(Wahhabism)은 19세기에 이미 중앙아시아에 소개되었다. 중앙아시아 원리주의는 19세기부터 도입되었던 이슬람 외래 사상이 당시 러시아 식민주의 통치라는 시대적 상황과 결부되어 외부 세력에 대한 저항적 인식으로 발전한 측면이 강하다.[139] 19세기 이후 다양한 원리주의 흐름이 중앙아시아로 유입되었다. '자말롯 딘 아프가니'의 '범이슬람주의'와 사우디아라비아의 '와하비즘', 인도의 '네오반디즘'과 같은 이슬람 원리주의가 이미 19세기에 소개되었고 이 이론들이 당시 제정러시아의 지배에 대한 중앙아시아 무슬림 저항 운동의 이념적 배경이 되었다.[140] 이란 출신의 아프가니의 범이슬람주의의 특징은 서구의 신식 문물을 이슬람의 정체성을 유지하면서 융통성 있게 도입하자는 것이 그 골자이다. 범이슬람주의는 이슬람세계의 단결을 호소했던 이념이었다. 기본내용은 "전 세계 무슬림이 한 사람의 칼리프를 추대하여 이슬람교법에 준한 초국가적, 초민족적, 초지역적 통일 이슬람 제국을 건설 한다."[141]는 것이 그 골자이다. 탁월한 정치가인 아프가니는 외교와 설득으로 각 국가 권력층을 계몽하고 일반 서민과의 대중적 접촉을 통해 오스만 제국의 술탄을 정점으로 하는 이슬람 세계의 단결을 호소했다.[142] 중앙아시아 이슬람은 자연발생적으로 제국주의 국가인 러시아와 서구 문명에 대항하는 범 이슬람 문명적 개념을 내포하고 있었다. 이는 중앙아시아 지식인들과 무슬림들의 저항적 특성을 보여주는 하나의 예(例)가 되었다.

중앙아시아 이슬람 원리주의는 19세기에 사우디아라비아에서 이 지역으로 유입되었다. 중앙아시아를 정치적으로 지배한 소비에트 체제 시기의 이슬람 원리주의는 중앙아시아 내부 사회에서 강력히 정착되지 못하였다. 중앙아시아 거주민들은 19세기 중반 이후로 이 지역을 합병한 제정러시아에 저항하면서 자연스럽게 이슬람 원리주의를 수용하였다. 이후 소비에트 시대에는 레닌의 '이성적 국제주의'와 스탈린의 '일국 사회주의' 이론으로 원리주의가 중앙아시아 국민들의 신앙체계 속으로 깊이 침투하지 못하였다.

1970년대 중앙아시아 이슬람 원리주의

중앙아시아에는 1970년대에 원리주의 경향이 이미 나타나기 시작했다. 1970년대 중반 이후에 우즈베키스탄과 타지키스탄 등에 원리주의가 형성되었다. 근동에서 서구 세력으로부터 독립한 중동아랍의 원리주의 이슬람에 대한 관심이 증대되면서, 냉전 시기 중동아랍과 정치적 연대 관계를 가지려는 소련의 외교정책으로 중앙아시아 5개 공화국에 정치적 이슬람이 출현하는 토대가 구축되기 시작했던 것이다. 소위 정치적 이슬람은 1970년대에 중동아랍의 '이슬람의 붐' 시기에 출현하였는데, 이는 예견된 사건의 결과는 아니었다. 중앙아시아 사회, 정치지도자들, 언론, 공식 이슬람 사제들, 영적 지도자들은 중앙아시아 정치적 이슬람을 사우디아라비아발(發) "와하비즘의 공격"[143]으로 간주했다. 70년대 중앙아시아의 이슬람 사제들과 이슬람을 신봉하는 청년들은 "순수한" 이슬람 요소를 강조하기 시작했는데, 이때의 주된 경향은 바로 이슬람 원리주의자들을 명명하는 '와하비스트'의 출현이었다. 우즈베키스탄의 페르가나 계곡에 출현한 원리주의인 '와하비주의'는 가장 먼저 타지키스탄으로 전파되었다.

원리주의가 본격 유입된 또 다른 원인으로는 이 시기부터 소비에트식 계획경제와 사회주의 정책이 일정한 한계에 부닥치면서 사회·경제적 위기가 심화되었기 때문이다. 특히 우즈베키스탄의 페르가나 지역 거주민들의 생활수준은 타시켄트 등 수도지역에 비해 훨씬 낮았다. 중앙아시아 인구의 1/4이 거주하고 1917년 러시아 혁명이 일어나기 이전에 '코칸드' 칸국에 속해있던 페르가나는 역사적으로 이슬람이 매우 강한 지역(stronghold)이다. 페르가나가 속한 나라이거나 국경을 맞대고 있는 국가는 우즈베키스탄, 타지키스탄, 키르기스스탄 등 중앙아시아 3개국이다. 우즈베키스탄 인구의 60%는 농업에 종사하였고, 농업 거주민들은 도시지역의 사람들보다 종교성이 더 강해 이슬람에 많은 관심을 가지고 있었다. 페르가나 지역에 원리주의 이슬람이 급진적으로 나타난 것은 도시에 비해 농촌의 열악한 경제 상황도 한 몫을 담당했다. 이 지역은 광대한 농업지역이고 인구가 밀집되어있다. 일부 지역은 평방킬로미터 당 500-600명이 밀집할 정도로 매우 높은 인구밀도를 보이고 있다.

1970년대 중반이후에 이슬람 "부흥"이라는 슬로건으로 중앙아시아에 이슬람의 새로운 동력이 나타나고 무슬림들의 정치적 행동이라는 이데올로기가 탄생하게 되었다. 일반 공공 생활에 있어 국민들은 점차로 이슬람에 대해 새로운 관심을 가졌다.[144] 중앙아시아 이슬람 전문가인 보리소프는 "현대 세계의 이슬람은 종교 그 자체의 특성이나 어떤 슬로건에 대한 담론보다는 특정한 조건 아래에서 다양한 사회적, 정치적 과정 등이 더 중요시된다는 특징이 있다"고 언급하면서, 중앙아시아 이슬람의 정치화를 강조하였다.[145]

중앙아시아 이슬람의 부흥은 1970년대에 소비에트 사회주의 공화국연방이 중동아랍과 긴밀한 협력 관계를 가지면서 가능하게 되었다. 우즈베키스탄의 페르가나 분지의 중심도시인 안디잔의 이슬람 지도자인 '라흐마툴라 알로마'와 '아부두발리 미르조예프'는 중동아랍 국가들의 이슬람 지도자들과 종교적 연계성을 가지면서 종교·학문기술의 교류 목적으로 이 지역을 방문하고 아랍의 젊은 종교지도자들과 지하조직을 중앙아시아에 창설하였다. 또한 이들은 안디잔, 나만간, 코칸드 등에 비합법적인 종교 학교를 개설하였다.

1980년대 중앙아시아 이슬람 원리주의

1980년대에 고르바초프가 채택한 페레스트로이카(개혁)와 더불어 중앙아시아에 이슬람 부흥이 일어났다. 역설적이게도 소비에트 통치시기에 70년간 탄압을 받은 중앙아시아 이슬람의 부흥은 1985년 이후 시작된 고르바초프의 페레스트로이카 정책에 힘입었다. 이슬람 사원이 개방되고 종교지도자들이 의회로 진출하는 일들이 늘어나고, 언론, 방송에서도 이슬람 이슈가 활발하게 논의되는 등 소련의 대이슬람 탄압 정책이 급격히 완화되기 시작했다. 소련정부는 이 시기에 이르러 더 이상의 정보 독점을 하지 않았다. 고르바초프는 사회·정치적 이슈에 관한 정보를 글라스노스트(공개) 정책을 통해 과감히 국제 세계에 열어놓았다.[146] 이러한 정책으로 이슬람 모스크는 페레스트로이카 기간에 5배 정도 증축되었다.[147] 당시만 해도 페레스트로이카 정책은 '무프티'(mufti) 등 공식 종교지도자들에게 매우 유용한 이득을 가져다 줄 것으로 예상됐다. 그러나 공인 이슬람을 신봉하던 무프티들의 생각은 빗나갔다. 공인이슬람의 세력이 급격히 약화되고 수피즘 등 민중 이슬람이나 이슬람 원리주의가 부흥하는 의외의 결과가 발생하기 시작했다.[148]

독립 이후 중앙아시아 이슬람 원리주의의 출현 원인

이슬람 원리주의는 1970년대 중동아랍의 이슬람이 부흥하면서 이슬람 교육의 형태로 중앙아시아에 전파되고, 1980년대 고르바초프의 페레스트로이카시기를 거쳐 1991년 독립이후 강력한 세력을 형성하게 된다. 1990년대의 상황은 완전히 달라졌다. 1991년 소비에트 연방의 해체로 중앙아시아에 전반적으로 이슬람 부흥이 일어났다. 1990년 소비에트 체제의 마지막 기간에 이슬람이 중앙아시아 사회에서 광범위한 역할을 수행해야 한다는 사회 분위기가 형성되었다. 이러한 배경 下에서 해외 무슬림 선교사들이 중앙아시아에 원리주의를 전파하였고 원리주의 단체의 출현에 큰 역할을 하였다. 특별히 우즈베키스탄 원리주의 종교 지도자들은 국민들의 도덕적, 영적 갱신을 주장했다. 또 이들은 이슬람 국가의 창설이 국가의 범죄율 감소에 도움을 줄 것이며, 경제적 수준도 높아질 것이라고 주장하였고 이는 상당부분 국민들에게 지지를 받았다.

1980년대 중후반, 중앙아시아에서 이슬람은 세속적 경향을 보여주었는데, 70년간 소련식 공산주의 통치의 영향이 기본적으로 남아있었다. 90년대 소련체제의 해체 이후 중앙아시아 사회에서는 이슬람 부흥이 급격하게 일어났다. 중앙아시아가 신생 독립공화국으로 국가건설과 국가 발전전략을 적극적으로 추진하면서 전통적 이슬람은 중앙아시아 국민들의 민족 자긍심에 긍정적 영향을 보였고, 국가건설에 일정한 역할을 하게 되었다. 이슬람 사원과 이슬람 사제들이 급증하면서 중앙아시아에 전통적 이슬람이 부흥하였다. 공산주의의 실험인 소비에트 체제의 붕괴 이후 중앙아시아 국민들은 신앙적, 정신적 측면에서 이슬람 부흥에 동질감을 가졌다. 부흥의 하나의 축이 이슬람 원리주의였다.

이슬람이 부흥하면서 이슬람 원리주의는 이념적, 이데올로기적 형태를 가지며 중앙아시아 국민들에게 수용되기 시작했다. 중앙아시아의 원리주의는 극단적 빈곤상태를 초래한 사회·경제적 제(諸) 조건에 대한 빈곤 계층 사회의 반발로 일어난 측면도 있다. 중동아랍의 이슬람 원리주의는 4대 정통칼리프 시대의 사회·경제적 위기 상황을 타개하기 위해서는 초기의 이슬람 정신으로 무슬림 세계가 회귀해야 한다는 주장이 제기되면서 출현하였다. 이런 사실을 감안한다면, 중동아랍과 중앙아시아에서 원리주의가 발흥한 것은 유사한 측면이 있다. 1970년대 이후 중앙아시아 빈곤 계층의 거주민들에게 원리주의가 정착할 수 있었던 근거는 시대적 배경도 한 몫을 담당했던 것이다.

중앙아시아에 이슬람 원리주의가 등장한 배경에 대해 러시아 문화인류학 연구소의 '아바신' 교수는 다음과 같이 그 이유를 설명한다.[149]

> 20세기 후반 중앙아시아 사회에는 이미 '원리주의'의 분위기가 성숙되어 있었다. 외부적인 힘으로 이슬람 원리주의가 중앙아시아에 수용된 측면도 있지만, 동시에 거기에 비례해 내부적인 동력도 축적되어 있었다. 원리주의를 비롯해 이 지역에 유입된 이슬람의 모든 이데올로기(이란의 시아파, 터키의 세속주의 이슬람 포함)도 중앙아시아라는 토양에서 근본주의 색채를 가지게 되었고, 사회 발전이 진행되면서, '원리주의'가 부흥하는 토양이 이루어졌다.

러시아의 이슬람 연구가들은 이슬람 원리주의는 페르가나 지역을 중심으로 급속도로 부흥하였다고 지적하고 있다. 소비에트 붕괴로 이념적 공백에 빠진 중앙아시아 국민들에게 이슬람 원리주의는 매력적인 대상으로 다가왔다. 소위 와하비주의자 등 원리주의 단체가 사람들의 정서에 호소하고 급격한 세력을 얻게 된 이유는 소련 해체 이후의 사상적 '진공'상태가 중앙아시아 사회에 퍼져있었기 때문이다. 단순하고 이해하기 쉬운 원리주의 이념이 국민의 일반 관습과 삶에 강력한 영향력을 미쳤다. 현존 질서 체제와 자신의 인생 문제를 과거 정통칼리프 시대의 이념으로 회귀하여 해결하고자 하는 심리가 국민들에게 수용되었다.

1991년 독립 이후에 중앙아시아에 와하비즘이 세력을 얻으면서 급진주의 경향을 띠게 된 이유는 이 지역에 정치적, 경제적, 이념적 교두보를 마련하고자 하는 아랍 국가들의 적극적인 지원에 따른 것으로 풀이된다. 1990년대 초부터 사우디아라비아의 자금이 유입되고 와하비즘 원리에 입각한 조직적 그룹이 출현하기 시작했던 것이다. 우즈베키스탄을 비롯한 중앙아시아 국가들은 이슬람이 근본주의적 성향을 띠고 반정부적 활동을 하고 있다고 판단하고 원리주의 단체들을 정치적으로 압박하였다. 소련 해체이후 체첸 등 북카프카스와 중앙아시아는 와하비즘이 급속도로 전파된 대표적인 지역이다. 중앙아시아 원리주의 그룹들은 소위 '이슬람 질서' 정립과 이슬람 국가 창설을 궁극적 목표로 설정하였다. 이를 위해 반정부 시위나 파업 등으로 중앙아시아 신생 정부를 압박하는 정책을 펼쳤다.

중앙아시아 이슬람 원리주의의 출발은 중앙아시아를 둘러싼 자신들의 현실적 환경과 결부되어있다. 즉 중앙아시아 내부에서 발전된 이념이라기보다는 외부에서 수입된 이슬람 원리주의는 외세 세력을 반대하는 저항적 요소로 발전한 측면이 있다. 원리주의의 정통 칼리프 시대로의 회귀 정신은 중앙아시아에서는 민중이슬람의 발전과 더불어 또 다른 하나의 축을 형성한 이슬람 요소이다. 국민들은 독립 이후 탄생한 신정부의 정치지도자들을 소련 체제의 연장선에서 소련 정권을 고스란히 이어받고 권위주의 체제를 답습하는 인물로 판단하였다. 독립 이후 초기에 우즈베키스탄이나 타지키스탄에서 이슬람 원리주의가 광범위하게 출현하게 된 것도 이러한 이유 때문이었다. 국민들의 반발 의식과 더불어 과거부터 꿈꾸어오던 신정국가의 이상적 대의로 말미암아 이슬람 원리주의가 광범위한 세력을 얻을 수 있었다. 즉 독립 이후에도 중앙아시아 이슬람은 전통주의뿐만이 아니라 급진적 원리주의가 혼재하면서, 19세기와 20세기의 이슬람이 중앙아시아 국민들에게 남긴 유산처럼 독립 이후 20세기 말에도 민족주의 역사의식과 종교적 역사인식의 형태로 국민들에게 각인되었다. 중앙아시아 전체 국가나 전체 사회가 원리주의를 수용한 것은 아니지만, 국민들은 나름대로 종교적 이데올로기의 가치성을 높게 평가했다. 중앙아시아에서 원리주의 이슬람은 국민들 속에서 일반적인 지지를 받았다. 그러나 이는 원리주의가 중앙아시아 사회의 유일한 이념적 대안이라는 의미는 아니다.

중앙아시아 사람들은 무슬림들이 행하는 이슬람 의식이 올바른지 아니면 그렇지 않은지, 무슬림들이 어떠한 의복을 착용하는지, 혹은 그들의 기도의 관습이 어떠해야 하는지와 같은 부분에 대해서는 그렇게 깊게 관여하지는 않는다. 원리주의자들은 정부 통치 체제를 감시하고 비판하는 데에 더 큰 관심을 쏟는다.

이슬람 원리주의의 급진성

이슬람 원리주의는 급진적 경향을 나타내는 원리주의의 특성을 강하게 보였다. 독립 이후 급진적 특성을 가진 단체들이 이 지역에 출현하면서 이슬람 원리주의는 비로소 외부적으로 알려지게 되었다. 소련 붕괴 이후 이슬람 원리주의는 중앙아시아의 우즈베키스탄, 타지키스탄, 키르기스스탄을 중심으로 강력한 세력권을 형성하기 시작했다. 이 국가들의 국경은 원리주의 영향력이 가장 강력히 전파되던 페르가나 계곡을 중심으로 맞닿아있다. 특히 우즈베키스탄은 중앙아시아의 대표적 정주 민족으로 가장 강력한 이슬람의 전통을 가지고 있던 나라이다. 이슬람 원리주의는 타지키스탄 내전(1992-1997)을 통해 급진적 성격으로 발전하였고, 우즈베키스탄의 원리주의자들이 내전 당사자인 타지키스탄 반군을 군사적으로 지원하면서 국제사회에 중앙아시아 원리주의와 그 단체들의 성격이나 목적이 광범위하게 전파되는 계기가 되었다. 내전으로 이슬람 원리주의는 국제사회의 지대한 관심을 받았다. 우즈베키스탄의 급진적 이슬람 원리주의 단체가 타지키스탄 반군을 지원하면서 타지키스탄 내 이슬람 반군이 내전의 주체자로 등장하였기 때문이다. 집권 공산 세력과 맞선 타지키스탄에서 이슬람 원리주의 세력이 출현한 것은 바로 우즈베키스탄 이슬람 원리주의 단체와 연계되면서 가능했던 것이다. 이슬람 원리주의가 급속도로 퍼지게 된 결정적인 계기는 타지키스탄 내전 때문이었다. 공산 정부와 이슬람 정당 간의 갈등이 심화되다가 내전이 발생하였다. 이 내전은 과거 소비에트 시절의 통치 엘리트인 구 공산계열의 통치에 반대하는 지식인과 야당, 이슬람주의자들이 연합하여 반정부 전선에 참여함으로써 발생하였다. 우즈베키스탄의 IMU(우즈베키스탄 이슬람 운동) 등 급진주의 성격의 이슬람 단체가 타지키스탄의 이슬람 행동주의자들과 협력, 반정부군의 대열에 합류함으로써 내전은 타지키스탄 내부적 상황뿐만 아니라 우즈베키스탄 등 내전과 직접적 관련이 없는 정부도 참여하는 등, 국제관계의 복잡성 속에서 전개되었다. 중동아랍 등 무슬림 국가들 중에서 타지키스탄 야당과 이슬람 반군을 지지하는 일도 있었다.

내전을 계기로 중앙아시아 사회는 급변하였고, 이슬람 원리주의에 대한 중앙아시아 사회의 인식이 변화하기 시작했다. 이때부터 한동안 중앙아시아 국민들은 전통적 이슬람보다 급진적 원리주의가 중앙아시아 이슬람의 대표성을 가지게 되었다는 생각을 하게 되었다. 내전이 평화 협정으로 체결된 1997년 이후 어느 정도는 중앙아시아에서 정치적, 경제적 질서가 회복되었다. 타지키스탄 정부에 의해 원리주의 정당으로 규정된 '이슬람 부흥당'(IRP)을 비롯하여 다수의 정치 정당이 정부에 의해 재등록하는 등 표면적으로는 원리주의 정당이나 단체를 타지키스탄 정부가 수용하였으나, 여전히 이 지역에서 불안 요소는 매우 높다.[150)]

그렇다면 어떠한 점에서 중앙아시아 이슬람이 급진성을 보이는 것으로 판단할 수 있을까? 다양한 형태의 원리주의 단체가 출현하였다. 이슬람 원리주의를 강조하는 무슬림들은 서방의 제도와 사상을 도입하지 않고 이슬람 공동체 건설이나 신정국가 건설이 가능하다고 주장하였다. 중앙아시아의 가장 큰 변화중의 하나가 이슬람 원리주의를 둘러싼 담론 전개이며, 이는 중앙아시아 내부뿐만 아니라 중앙아시아를 둘러싼 강대국사이의 세력 경쟁이나 세력 균형의 직접적 요소로 출현하면서, 중앙아시아 정치, 경제, 사회, 문화의 전 영역의 주요한 변수가 되었다.

중앙아시아 정치지도자들은 중동아랍의 경우처럼 중앙아시아에서 나타나는 이슬람 원리주의의 급진성, 폭력성을 경계하면서, 이슬람 신정국가 건설을 주장하는 원리주의 단체를 탄압하였다. 원리주의 이슬람이 타지키스탄 내전 등을 통해 중앙아시아에 급격하게 세력을 얻어가자 중앙아시아 대통령들은 테러를 목표로 하는 이슬람 원리주의 세력을 강력히 저지할 것을 합의하였다. 이들은 타지키스탄의 이슬람 원리주의가 내전에 큰 영향을 미치고, 이러한 영향력이 우즈베키스탄이나 키르기스스탄으로 유입되는 상황을 목격하면서 이슬람 원리주의 단체의 테러와 반정부 활동에 대항하기 위해 러시아와 일정한 연대를 취하기로 결정한다. 2001년 1월5일, 카자흐스탄의 알마티에서 5개국 정부 관리들과 안보 관련 수장들이 회동, 이슬람의 과격주의에 대항하기 위해 러시아와 긴밀한 협력을 하기로 합의했다.[151] 러시아 당국자와 중앙아시아 정치지도자들은 이슬람 원리주의 단체가 국가 전복을 계획하고 있다고 판단했다. 국가의 헌법 체계 내에서 급진주의 단체는 국가의 적으로 규정되었다. 우즈베키스탄에서는 급진주의 이슬람 단체에 참가한 많은 사람들이 체포되었다. 이슬람 성직자들과 지도자들이 행방불명되었다. 투르크메니스탄을 제외한 중앙아시아 국가들의 일부 지역에서 이슬람 급진주의자로 추정되는 구성원들이 구속되는 일들이 빈번해졌다. 카자흐스탄의 나자르바예프 대통령은 자국 내에 이슬람 원리주의의 유입을 적극 차단하기 위해 2000년 10월에 해외 이슬람 기관에서 유학하던 학생들을 소환하기도 했다.

3. 중앙아시아와 중동아랍 이슬람 원리주의의 연관성

중앙아시아 이슬람 원리주의는 상기에 언급하듯, 1990년대 갑자기 나타난 것이 아니다. 19세기 이후 중동아랍은 중앙아시아에 문화적 영향력을 가지고 있었다. 중동 아랍의 이슬람 포교 대상이 중앙아시아 공간이었다. 20세기 초 중앙아시아의 이슬람 운동인 바스마치 저항운동을 거쳐 20세기 중반에 이집트의 이슬람 원리주의 단체인 '무슬림 형제단'의 영향력을 받은 지역이 중앙아시아이다. 1970년대에 이미 중앙아시아 내부에는 원리주의가 배태하고 있었다. 특히 1960-70년대 중동아랍의 '이슬람 부흥'의 시기에 중앙아시아 사회에 아랍으로부터 이슬람 원리주의의 영향력이 스며들었다. 중동아랍은 1950년대 이후 신생독립국으로서의 정치적 과정을 밟아나갔는데, 이것은 1990년대 중앙아시아처럼 유사한 정치적 경험이라고 할 수 있겠다.

그렇다면 1990년대 중앙아시아 원리주의는 어떤 측면에서 중동아랍의 원리주의와 연관성을 가지고 있는 것인가?

첫째, 중앙아시아의 급진적 원리주의자들은 정부의 지배 체제를 강하게 비판하고 기본적으로 신정국가 건설 이념을 내세웠다. 이는 1920년대 이후 중동아랍의 급진적 이슬람 원리주의자들이 추진했던 정치적 이슬람의 이념화와 유사한 형태이다. 중앙아시아의 이슬람 원리주의 단체는 대체적으로 이러한 인식에 공감하며, 이 단체들의 목표는 신정국가 건설과 현 정부에 대한 정치적 비판, 그리고 기존 정치 체제의 전복이다. 또한 그들은 정교일치의 무슬림 통치를 추구하고 있다. 상기의 관점은 중동아랍의 원리주의 단체의 강령과 매우 흡사하다.

중앙아시아 이슬람 원리주의가 중동아랍과 긴밀한 역사적 기원을 가지고 있는 증거로는 '해방당'이 중앙아시아에서도 매우 활발한 활동을 했다는 점이다. 1953년 예루살렘에서 최초로 결성된 '해방당'은 오늘날 세계 곳곳에 지부를 설치하고 활동하는 국제 이슬람주의 운동 조직이다. 요르단, 레바논, 이라크, 예멘, 아랍에미리트, 마그리브 각국 등 아랍권과 파키스탄, 방글라데시, 인도네시아, 말레이시아 등 남아시아, 중앙아시아 각 공화국, 유럽 및 미국, 터키 등 세계 40여 개국에서 활동하고 있는 것으로 알려져 있다.[152] 해방당은 자체 헌법과 당 강령을 갖고 있는데, 전 세계 무슬림 공동체가 이슬람 초기 정신으로 돌아가며, 이슬람의 근본법인 샤리아를 준수할 것을 규정화 하고 있다. 신정국가건설, 즉 칼리프 이슬람 국가 건설이 최종적인 목표이다. 이러한 목표는 중앙아시아에서도 동일하다.[153]

둘째, 중앙아시아 원리주의 이슬람은 이념(ideas)적 패러다임의 특성을 보였다. 이는 신생 독립국이라는 민족건설, 국가건설이라는 역사적 전환의 시기에 중앙아시아 국민들은 사회주의 이념을 버리고 이제는 종교적 이념을 수용하였다는 의미이다. 이것은 중동아랍과도 유사한 측면이 있다. 즉 중동아랍에서는 1950년대 이후 독립국가가 되면서, 이슬람 원리주의가 종교적 이념으로 발전해 나갔다. 1990년대 중앙아시아는 소비에트 체제, 혹은 소비에트 구조의 '해체'를 경험했다.[154] 소비에트의 질서 체제는 무너졌다. 중앙아시아 국민들에게는 사상적 방황에서 벗어나 이슬람의 원리를 통해 정신적 공백을 채우고자 하는 심리가 강하게 일어나게 되었다. 1970년대부터 중동아랍에서 들여온 이슬람 원리주의가 중앙아시아의 페르가나 지역을 중심으로 음성적인 방법으로 지속적으로 전수되어 왔다. 중앙아시아에 이슬람 원리주의의 교의가 자연스럽게 전파되었던 것이다.

이슬람 원리주의 단체의 급진적 특성

셋째, 중앙아시아 이슬람 원리주의 단체는 급진적, 폭력적 특성을 지니고 있다. 중동아랍의 무슬림형제단처럼 테러적 성격을 강하게 보이지는 않았지만, 이념과 강령에서는 일치점을 가지고 있다.

이슬람 원리주의가 견고한 지역인 페르가나에서 출현한 대표적 이슬람 단체는 '이슬람과 민주당', '이슬람 부흥당', '정의당', 'IMU'(우즈베키스탄 이슬람 운동), '해방당'(Hizb ut-Tahrir), 'IPRT(타지키스탄 이슬람 부흥당)' 등이 있다. 이들은 정교일치를 주장하며, 이를 달성하기 위해 지하드(성전) 등 폭력적 방식을 동원한다. 상기에 언급한 원리주의 정당이나 단체는 반정부적 성격으로 국가의 공식적 권력과는 입장을 달리하는 종교·정치 기구이다. 그러므로 중앙아시아 이슬람 원리주의의 급진성은 중동아랍의 급진적 원리주의 단체의 목표와 유사하다. 중앙아시아 이슬람 원리주의 단체에 대해서는 2부 3장에서 상세히 살펴보도록 하겠다.

중동아랍의 경제적 지원과 후원

넷째, 독립 이후의 결과론적 현상으로 중앙아시아로 중동아랍의 지원과 후원이 지속적으로 이루어졌다. 1991년 중앙아시아가 소련으로부터 독립하자 중동아랍 국가들이 다양한 경제적, 문화적 원조를 제안했다. 무엇보다도 이슬람 성전인 모스크와 이슬람 신학교인 '메드라사'의 건축과 이슬람 역사 기념비의 복구를 위한 재정이 개인 혹은 정부 차원의 펀드를 통해 유입되었다. 터키, 이집트, 파키스탄으로 유학을 떠나는 청년들이 늘어났다. 독립 이후 수만 명의 중앙아시아 인들이 메카로 성지순례 여행을 갔다 왔는데, 일부 무슬림들은 두세 번씩 이곳을 방문하기도 했다. 수만 명에 달하는 성지순례단의 비용을 사우디아라비아가 지원했다. 모든 중앙아시아 국가들은 현재 이슬람회의기구(OIC) 회원국이다. OIC는 1969년 9월 설립되었고, 국제기구로는 UN에 이어 두 번째로 큰 조직이다. 회원국만 57개국으로 세계인구의 20%를 차지하고 있다.

중앙아시아에 대한 중동아랍의 영향력은 무슬림 선교사들의 활동으로 이루어졌다. 독립 이후 아랍의 선교사들은 중앙아시아에서 이슬람 전도와 더불어 이슬람 학교를 열었다. 처음에 이들은 열렬한 환영을 받았다. 특히 터키 선교사들은 가장 적극적인 활동을 벌였다. 예를 들면, 1999년 키르기스스탄에서 활동한 터키 선교사들은 55명이었다. 이 수는 당시 중앙아시아에서 활동한 무슬림 선교사들의 1/3 규모였다. 두 번째로 많은 나라는 파키스탄 선교사들로 40명 정도였다. 터키 선교사들은 주로 '누르커스'(Nurcus) 소속이었는데, 이들은 '사이드 누르시'(1876-1960)와 그의 제자 '페슐라 귀렌'의 추종자들이다. 누르커스는 중앙아시아에 수백여 개의 학교와 기업체를 설립했다. 이들의 영향력은 중앙아시아에 확대되었다. 이 단체의 중점 교육 분야는 과학과 기술 영역이었는데, 이런 외형적 활동 이외 궁극적 목표는 급진적 이슬람 원리주의의 가르침이었고 정치적 목표는 이슬람 신정국가건설이었다. 이 단체가 자체적으로 제작하고 보급한 신문 '자만'(Zaman)은 1994년에 우즈베키스탄에서 발간 금지당하고 관련 선교사들은 추방당했다. 터키, 사우디 등 무슬림 선교사들의 활동이 활발해지자 중앙아시아 정치지도자들에 의해 해외 무슬림선교사들의 활동은 제한받기 시작했다. 우즈베키스탄이 가장 강력한 제재 조치를 하였다. 무슬림 선교사들의 다수가 추방당했다. 우즈베키스탄 정부는 선교사들이 이슬람 원리주의를 퍼트릴까봐 매우 우려했다. 21세기에 들어와서는 기독교 선교사들도 많이 추방당하고 있다.

우즈베키스탄 카리모프 정권이 이슬람 원리주의 세력을 제어하는 정책을 추진하자, 터키 선교사들은 다른 방식의 이슬람 선교 전략을 모색했다. 즉 비교적 온건한 세력으로 인정된 전통적 이슬람인 수피즘을 전파하는 방식이 그것이었다. 수피즘 종단인 '낙쉬반디야', '카다리야'는 중앙아시아에서 강력한 영향력을 가지고 있었지만 소비에트 체제 동안 이 지역에서 정착되지 못하였다. 1990년대 초반 터키 선교사들은 우즈베키스탄과 남부 카자흐스탄에 수피즘을 소개하고 포교하기 시작했다. 수피즘은 초기에는 정치적 위험성이 덜하다는 이유로 중앙아시아 정부에 의해 환영받았다. 독립 이후 카리모프 대통령의 터키 방문 시에 그를 수행한 이슬람 지도자는 '무흐타르한 압둘라예브'로 수피즘 무슬림신자였다. 그러나 전반적으로 원리주의 이슬람을 탄압하던 우즈베키스탄 정부는 터키 선교사들의 수피즘 포교 활동에도 제동을 걸었다. 터키 무슬림 선교사들의 수피즘 포교 활동은 지하운동으로 물러났다.

한때에 자국 학생들을 터키, 이집트, 그리고 기타 중동아랍 지역으로 유학을 보냈던 중앙아시아 국가들도 학생들이 해외의 원리주의 단체와 연계될 것을 우려해 최근에는 이슬람 국가로의 유학을 자제하고 있는 상황이다. 심지어는 자국으로 본격 소환하기도 했다. 중앙아시아 국가들은 소비에트 체제 시기에는 고립되었지만, 지금은 그렇지 않다. 매체와 정보기술의 발달, 외국에서의 근무, 유학의 기회 증가로 다양한 이슬람 이념에 접하게 될 가능성이 높아졌다. 이는 중앙아시아가 세계의 전략적 관심 대상 지역이 되었다는 것을 반증한다.

4. 중앙아시아 이슬람 원리주의의 전망

중앙아시아 이슬람 원리주의의 내부적 발전 과정

중앙아시아 이슬람 원리주의는 중앙아시아 내부의 요소와 외부 이념이 총합적으로 결합되어 이루어졌다. 이슬람 원리주의는 내부적으로는 전통적 이슬람의 의식과 관념 속에서 배태되었고, 외부적으로는 중동아랍으로부터 지속적으로 원리주의의 영향력이 전파됨으로써 이루어졌다. 그러나 전체적으로 중앙아시아 이슬람 원리주의의 이념적 패러다임은 중동아랍으로부터 결정적으로 형성되었다. 우즈베키스탄과 타지키스탄을 중심으로 1970년대 이후 점진적으로 형성되어간 중앙아시아 원리주의는 기본적으로 하기(下記)의 요소로 인해 내부 발전 과정을 거쳤다.

첫째, 1960-1970년 근동에서의 '이슬람 붐'의 형성, 둘째, 아랍에서의 '무슬림 형제단'의 활동 등 중동아랍 이슬람 원리주의의 내부적 발전, 셋째, 중동아랍과 중앙아시아 이슬람주의자들의 학문·기술의 교류 및 종교지도자들 간의 활발한 연대 등이다. 이밖에 1970년대 이후 정치적 이슬람에 관한 중앙아시아 언론에서의 논고 및 보도 등도 영향을 미쳤다. 특히 이란 회교 혁명의 교의가 1970년대 이후로 이슬람의 저항적 이념으로 정착되어갔다. 1980년대 소련에 저항한 아프가니스탄의 이슬람 무자헤딘(戰士)의 반정부적 군사 저항도 중앙아시아에 이슬람 원리주의가 형성되는 데 일정한 역할을 하게 되었다. 또 전반적으로 중앙아시아 이슬람 원리주의는 소비에트 체제에 따른 정치적, 사회적, 이데올로기적, 경제적 위기라는 공통적 사회 환경에 의해 발생하였다. 1970년대 이래 침체기에 빠진 소비에트 체제가 일정한 한계에 부닥침으로써 과거 중앙아시아의 전통적 공동체에 커다란 변화가 초래되었기 때문이다.

본 글은 중동아랍의 급진적 원리주의의 이념을 중앙아시아 무슬림 공동체가 수용함으로 중앙아시아 이슬람 원리주의의 발전, 확장이 이루어졌다는 논지를 전개하였다. 중동아랍의 이슬람 원리주의는 역외권의 이슬람 국가에 지속적으로 영향을 미치고 있다. 블라디미르 푸틴 대통령이 주창한 '주권 민주주의' 체제를 옹호하고 있는 중앙아시아의 정치지도자의 역할이 어떤 방향으로 이끌어질 것인가에 따라 중앙아시아의 이슬람에 대한 태도가 정해질 것이다. 그리고 중앙아시아의 정치적 환경에 따라 중동아랍 이슬람 원리주의의 역할은 재조정될 것으로 전망된다. 중앙아시아 원리주의의 이데올로기 요소를 규명하는 일은 매우 중요한 이념적 패러다임을 제시해주는 부분이다. 중앙아시아는 중국이나 1991년 소련 붕괴 이후의 러시아처럼 체제 전환의 과정에 있다.

중앙아시아 이슬람 원리주의의 미래적 방향성

중앙아시아 정부는 여전히 이슬람 원리주의자들의 행동을 적극적으로 통제할 것으로 보인다. 이를 위해 보다 유연한 전통적 이슬람의 부흥을 강조하는 정책을 펼칠 것이다. 국가건설과 민족 정체성을 강화하기 위해 급진적 사상을 억누르는 국가 정책을 지속할 가능성이 높다. 특히 중앙아시아 이외의 이슬람 외부세력과 국제관계의 상관관계가 중앙아시아 이슬람 원리주의의 행방에 일정한 변수가 될 것으로 보인다. 그러므로 중앙아시아의 급진적 이슬람 원리주의는 중앙아시아의 국가건설과 민족 정체성, 국가의 대외정책 전략을 고려하는 데 있어 매우 중요한 구성 요소가 될 것으로 보인다. 중앙아시아 이슬람 원리주의는 심각한 분쟁 상황에 처해있는 팔레스타인과 중동아랍의 이슬람 원리주의 단체의 활동 범위 내에서 일정한 행동의 반경이 이루어질 가능성이 있다. 독립 이후 중앙아시아 이슬람 원리주의를 정신적, 물질적 분야에서 지속적으로 후원하는 곳은 해외 이슬람 원리주의 단체이며, 특히 알카에다 등

테러와 폭력 행동을 단체의 핵심 강령으로 표방하는 극렬 이슬람 단체들과 중앙아시아 원리주의 단체들과의 연관 관계는 향후 매우 중요한 비교 연구 대상이 될 것이다. 이슬람 원리주의의 역사성이나 기원은 특정한 지역에서 나타난 이념적 분화와 그 연계성, 문화적 접변을 통해 파악되었다. 여전히 국제사회의 큰 관심의 조명을 받고 있는 이슬람 원리주의는 무슬림 사회, 국가, 권역권 등의 총체적 연관성을 통하여 이해될 수 있을 것으로 보인다.

III. 중앙아시아 이슬람 원리주의 단체와 이념

1. 중앙아시아와 이슬람 원리주의 단체

중앙아시아 이슬람 원리주의는 독립 이후 급진적인 양상을 보였다. 중앙아시아 사회는 매우 급진적인 양상을 띠게 되었다. 그리고 이슬람 원리주의 단체를 중심으로 종교적 이데올로기가 광범위하게 전파되었다. 소위 급진적 원리주의는 “이슬람 질서”를 세우기 위해 폭력에 의존하는 특징을 보이는데, 중앙아시아 원리주의 단체는 대부분 급진주의 이념을 표방하였다. 이들은 타지키스탄 내전 등을 주도했다. 중앙아시아 사회는 문화적 총체로서 전통적 이슬람, 투르크 문화 관습, 150년간의 제정러시아와 소비에트 문화가 혼재된 총합적인 문화로 먼저 이해되어야 한다. 그러나 독립 이후에 나타난 이슬람 원리주의의 특성을 동일하게 잘 분석해야만, 현재의 중앙아시아 사회를 잘 이해할 수 있다.

중앙아시아 신생국가들은 독립 이후에 국가건설과 민족건설을 서둘렀다. 정부지도자들은 자신이 통치하는 국가가 이슬람 원리주의의 영향력 안에 놓인다면, 국가건설에 여러 가지 장애와 장벽이 될 수 있기 때문에 이슬람 원리주의가 부흥하는 것을 전혀 원하지 않았다. 그래서 중앙아시아 각국은 민족 정체성이나 과거의 위대한 역사를 비롯한 문화적 발전을 매우 강조하였다. 그리고 서방과의 경제적 협력에 적극적으로 나섰으며, 이슬람 원리주의와 같은 급진적인 이념이 등장하는 것을 전혀 원하지 않았다.

국가마다 상황은 달랐다. 카자흐스탄은 러시아 및 미국 등 서방 국가들과의 경제 협력을 도모하고 이를 통해 급속한 경제적 발전을 이룸으로써 카자흐 민족의 역사상 유례가 없는 국가 발전을 이루었다. 이에 반해 우즈베키스탄 등 일부 국가에서는 이슬람 원리주의가 부흥하면서 정부의 통치력 및 존립에 심각한 위협이 되었다. 이들 국가에서는 국가의 총합적 발전을 이루지 못했다. 즉 체제이행기 중앙아시아에서는 국가발전 경로가 상이하게 나타났다. 이런 관점에서 중앙아시아 민족 정체성 및 문화 정체성의 핵심 요소인 이슬람 원리주의 연구는 중앙아시아 사회를 이해하는 결정적 단초를 제공할 것으로 판단된다.

이러한 차원에서 이슬람 원리주의 단체에 대한 연구는 필수적이다. 그것은 중앙아시아에서 이슬람 원리주의는 급진적 이슬람 단체를 중심으로 조직화, 통일화, 이념화의 단계를 거쳤기 때문이다. 특히 이 단체들은 정당 조직, 지하 조직의 형태로 이념적 대안을 중앙아시아 국민들에게 제시하면서 이슬람 초기 정통칼리프 시대의 순수한 이슬람 정신으로 돌아갈 것을 주장하였다. 즉 중앙아시아의 이슬람 원리주의 단체에 대한 다양한 강령이나 이념을 연구하는 것은 중앙아시아 사회의 정신적, 이념적, 정치적 요소를 이해하고 대외적 국제관계 등을 규명하는 데에 큰 도움을 줄 것이다.

2. 중앙아시아 이슬람 원리주의의 급진적 특성

독립 이후 중앙아시아 이슬람 상황은 급변하기 시작했는데, 이슬람 사원은 엄청나게 증가했고 신학교가 부흥하고 이에 따라 정규 신학교 과정을 이수한 물라(이슬람 선생)도 많이 배출되었다. 코란을 깊이 연구하고 가르치는 대학이 급증했고 청년들의 이슬람에 대한 관심도 크게 증가했다. 그리고 유년과 장년층을 위한 아랍어 교육, 코란 교육 등이 진행되었다. 1987년에 키르기스스탄에서는 34개의 모스크만 있었지만, 1994년에는 거의 1천 개에 이르렀다. 우즈베키스탄에서는 87개에서 3,000개로 늘어났다. 중앙아시아의 다른 공화국에도 마찬가지였다.[155]

중앙아시아 사회의 이슬람 부흥을 통해 출현한 이슬람 원리주의는 극단적, 혹은 급진적 특성을 보였다. 여기에서 우리는 원리주의의 특성이나 급진적 성격을 가진 원리주의가 어떤 변별성을 가지고 있는지 그 해석적 차이에 주의해야 한다. 용어상으로 원리주의, 근본주의, 혹은 급진주의에 대한 해석을 어떻게 수용해야할 것인가에 대한 문제 제기이다. 원래적 의미의 이슬람 원리주의는 일반적으로 테러나 정치적 불안정성을 뜻하는 것은 아니다. 1990년대 러시아연방의 외무장관과 총리를 역임한 프리마코프는 "어떤 경우에도 이슬람 근본주의를 군사적 극단주의와 동일한 정체성으로 간주하지 않아야 한다. 즉 이슬람 부흥을 정치적 소요나 불안정 요소와 동일한 개념으로 받아들이는 태도를 지양해야한다."고 언급한다.[156] 원리주의 그 자체는 갈등의 요소는 아니다. 그러나 중동에서처럼 중앙아시아에서도 이슬람 원리주의는 극단적, 급진적 의미와 동일어로 해석되어졌다.

그렇다면, 1990년대 이후 중앙아시아 원리주의는 어떤 성격을 가지고 있는 것인가? 중앙아시아 국민들은 원리주의를 이슬람의 정치화로 간주한다. 그들은 소련 해체 이후에도 국가 권력을 독점하고 있는, 그래서 여전히 중앙아시아에 존재하는 소비에트 유산의 전리품을 향유하고 있는 정치지도자들의 권위주의 통치 체제에 반대하는 이데올로기로서 원리주의를 수용하는 태도를 보였다. 중앙아시아 이슬람 원리주의자들은 러시아가 중앙아시아를 정복한 19세기 이래로 러시아를 제국주의 국가로 규정하였는데, 이후로 反러시아적, 反소비에트적, 반외세적, 反정부적 입장을 가졌다. 그들은 중앙아시아를 지배한 러시아와 소비에트의 역사적 유산을 거부한다. 독립 이후에도 이슬람 원리주의자들은 역사상 최초의 독립 공화국이 된 자신의 국가가 여전히 과거의 전통에 머물러 있다고 인식하였다. 중앙아시아 국가건설 과정에서 구 공산권 지도자들이 대부분 정권을 장악하였기 때문이다.

중앙아시아 이슬람 원리주의 단체 – 해방당, IMU

중앙아시아에서 이슬람 원리주의 경향을 보인 대표적인 단체는 해방당(Hizb-ut-Tahrir)과 IMU(Islamic Movement of Uzbekistan: 우즈베키스탄 이슬람운동)이다. 이 두 단체는 우즈베키스탄의 페르가나 분지를 중심으로 급속도로 세력을 확장했다. 이들이 국민들의 지지를 얻게 된 배경은 1970년대에 중동아랍과 페르가나 지역의 종교 지도자들이 지속적으로 교류를 했기 때문에 가능했다. 즉 전통적 농업사회인 페르가나 지역에서 경제적 빈곤이 지속되면서 이슬람 원리주의가 부흥할 수 있었다. 우즈베키스탄 이슬람 전문가인 '바바자노프'는 다음과 같이 언급하고 있다.[157]

우즈베키스탄 정부는 국민들이 경제적 빈곤으로 힘든 상황에 직면하면서 이슬람 원리주의자들이 출현하자 이를 탄압하였다. 그러나 정부는 이슬람 원리주의자들의 정치적 요구가 국민들 사이에서 인기를 얻고 원리주의 세력이 확장됨에 따라 중앙아시아에서 경제적 성장과 그 잠재력이 퇴보하는 현상이 이슬람 원리주의자들에게 있다는 인식을 하고 그 책임을 원리주의자들에게 전가하고 있다.

소연방 시절 공산주의 통치 그룹에 속한 카리모프 대통령이 우즈베키스탄의 정권을 장악하였는데, 그를 반대하는 무슬림들에게 이슬람 원리주의가 전파되기 시작되었다. 그 구심적 역할을 한 단체가 IMU이다. IMU는 페르가나 지역을 중심으로 전파되었다. 원리주의 정당이나 단체는 반정부적 성격으로 국가의 공식 권력과는 입장을 달리하는 종교·정치 기구이다. 이들의 기본적 존재 목표는 기존 정치 체제의 전복이다. 또한 정교일치의 무슬림 통치를 추구한다. 이를 위해서는 지하드(聖戰) 등 폭력적 방식도 포함된다.[158] 중앙아시아에서 극단주의 이슬람을 주창하면서 정치적 세력화에 성공한 대표적인 정당은 IPRT(타지키스탄 이슬람 부흥당)이다. 이 단체의 지도자들은 타지키스탄 내전 과정에서 시민연합세력과 연계하여 강력한 반정부 활동을 벌였다. 결국은 정부군과 타협을 이끌어냄으로써 국가 통치 그룹으로 참여하였다. 이 당은 급진적 원리주의를 주창하였는데, 국가 세력과 타협을 시도하거나 연합세력화도 용인하는 특징을 보였다. 이 당이 정치 세력화에 성공함으로써 우즈베키스탄 등 기타 중앙아시아 국가의 원리주의 단체는 매우 고무되었고, 이후 급진주의 활동이 증대되었다.

3. 중앙아시아 이슬람 원리주의 단체와 이념

IMU[159)]

타지키스탄 내전이 중앙아시아에서 급진적 원리주의가 출현하게 된 아주 중요한 계기가 되었다. IMU는 이전의 중앙아시아의 원리주의 단체보다 더 확실한 목표와 결속력을 가지고 있었다. IMU 회원은 대부분 우즈베크인(人)으로 구성되고 페르가나 계곡을 그 근거지로 하고 있었다. 그러나 반드시 우즈베크인으로만 구성된 것은 아니고, 다국적 무슬림으로 이루어져있다고 보는 것이 타당하다. IMU는 소비에트 시대인 1920년대의 무슬림 저항운동이었던 '바스마치' 운동과 비교될 수 있다. '바스마치' 운동이 반러시아적 경향으로 우즈베키스탄의 독립을 주창한 대표적인 무슬림 운동이었다고 한다면, IMU는 소비에트 체제의 정치적 적자(嫡子)인 카리모프 현 정권을 반대한다는 점에서 역사적 연관성이 있다. 바스마치 운동의 최우선 투쟁 대상이 외부 세력인 러시아였다면, IMU의 투쟁 대상은 소비에트 체제의 정치적 계승자라고 할 수 있는 카리모프 정부를 타깃으로 했다는 점에서 매우 특이하다. 즉 20세기 초의 무슬림 운동은 반러시아적 경향이었고, 소련 해체 이후에 이슬람 원리주의 운동은 반정부적 특성을 보였다.

IMU는 '나만가니'(Namangani)와 '율다세프'(Tahir Yuldashev)에 의해 1998년에 공식적으로 창설되었다. 그러나 이미 소연방의 붕괴와 동시에 중앙아시아에 원리주의 단체의 창설 움직임과 더불어 무슬림들의 활동이 적극적으로 일어났다. 율다세프는 IMU를 주도적으로 창설한 인물이며, 그는 이슬람 원리주의 운동이 가장 강한 지역으로 알려져 있는 우즈베키스탄의 '나만간' 출신이다. 우즈베키스탄의 이슬람 원리주의 단체인 IRP(이슬람부흥당)가 1990년대 초에 정부의 선거 체제를 용인하는 정책을 펼치자, 율다세프는 IRP의 정책에 반발하며 이 단체를 전격 탈퇴하였다. 이후 율다세프는 '아돌라트'(정의)당의 창설에 관여하고 주요 멤버들을 샤리아의 원칙하에 엄격히 훈련시키면서 세력 기반을 넓혀나갔다. 우즈베키스탄 정부가 1992년 3월에 '아돌라트'당을 불법 단체로 규정함에 따라 율다세프와 추종자들은 타지키스탄으로 가서 1992년 – 1997년의 타지키스탄 내전에 이슬람 반군을 지원하고 전쟁에 참여하였다.[160] '나만가니'는 소련이 아프가니스탄을 침공하던 1980년대에 소련군으로 참전한 인물이었다. 소련이 아프가니스탄에 대해 군사적인 공격을 감행하자, 우즈베키스탄 이슬람 사회에서는 격렬한 이념 대립이 있었다. 무슬림이면서 세속적 이념을 가진 사람들은 소련의 아프가니스탄 전쟁을 정당화하고 아프가니스탄의 반군인 무자헤딘을 비난했다. 그러나 이슬람 국가인 아프가니스탄을 공격한 소련에 대해 반감을 가진 중앙아시아 무슬림 그룹도 있었다. '나만가니'는 전쟁터에서 돌아온 아후 이슬람 사회의 구조와 역할에 대해 고심하고 새로운 이념적 대안을 제시하고자 노력했다. 그는 IMU의 군사 지도자요, 탈레반 야전 사령관이 되었다.

IMU는 남부 키르기스스탄과 카자흐스탄에서도 활동을 하였고 그곳에서 우즈베키스탄 지원 활동을 하였다. 특히 '율다세프'는 타지키스탄 내전에도 상당부분 개입하는 등 중앙아시아 전 지역에 이슬람 원리주의를 전파하는 활동을 벌인다. IMU는 아프가니스탄의 무자헤딘 그룹뿐만이 아니라 알카에다, 탈레반과도 밀접한 관계를 맺었으며, 이들과의 접촉으로 정치적 급진성을 띠게 되고 군사 무장과 반군 활동을 본격화했다.[161] IMU가 공식으로 창설된 지역도 당시 탈레반이 집권하던 시절, 아프가니스탄의 수도인 카불로 알려지고 있다. 그 시기에 율다세프는 탈레반의 근거지인 '칸다하르'에 거주하고 있었는데, 당시 그곳에서는 탈레반 지도자인 무하마드 오마르와 알카에다 리더인 빈 라덴이 같이 거주한 것으로 알려졌다. 동시에 이들과 나만가니 등은 아프가니스탄과 중앙아시아에서의 군사 행동의 전략을 마련하기 위하여 빈번히 회동하였다.[162] 2001년 5월에 탈레반 고위층은 일종의 외인 용병부대를 창설하고 나만가니를 지도자로 임명하였다. 이 부대는 파키스탄인, 터키인, 위구르인, 우즈베크인 등의 해외 무슬림 국가의 용병들이 참여하여 NATO(북대서양조약기구) 군대와 맞서서 군사행동에 돌입하는 군대조직이었다.[163]

IMU 이슬람 이념

IMU가 추구하는 이념은 무엇일까? 이 단체의 목표는 크게 2가지이다.

첫째, 카리모프 세속정권의 전복이다.

둘째, 우즈베키스탄에 신정국가를 건설하는 것이다. IMU의 정치적 목적은 이슬람의 기치아래 정치적 권력을 쟁취하고 이슬람 칼리파 국가를 세우는 것을 최종 목표로 삼고 있다. 즉 '전 세계적 이슬람의 지배'가 중앙아시아에 실현되는 것이 이 단체의 이상이다. 지도자 율다세프도 BBC와의 대담에서 IMU의 사명은 완전한 이슬람식 질서 아래 우즈베키스탄을 통치하는 것이라고 언급하였다.[164] IMU는 우즈베키스탄 정부가 공식적으로 자신들을 실질적인 야당세력으로 인정해줄 것을 요구하였다. IMU는 정부가 자신들과 협상을 하지 않는다면, 먼저 페르가나 지역에 이슬람 국가를 건설하고 향후 우즈베키스탄 전 지역에 이를 실현시키겠다는 의지를 천명하였다. IMU는 우즈베키스탄 정부가 이슬람법인 샤리아에 의거해 국가를 통치할 때 까지 투쟁을 계속하겠다고 선포하였다.[165] IMU는 중앙아시아의 전형적인 이슬람 종단인 하나피파에 소속되어있지 않고 칼리파 시대의 '순수한 믿음과 공동체'를 지향하면서 정교 합일의 이슬람 정당을 추구하였다. 특히 페르가나 '나만간'의 IMU는 그 지역의 와하비주의자들과 긴밀히 연계되어있다. 중앙아시아의 이슬람 원리주의 단체인 '아돌라트'의 일부는 남부 키르기스스탄 지역에서 IMU의 행동대원으로 활동하였다.

IMU가 창설되고 중앙아시아에 이슬람 원리주의가 출현한 배경에는 강대국들이 패권적 국가 이익을 추구하면서 국제 경쟁이 격화된 것도 하나의 원인이 되었다. 중동아랍의 이슬람 국가들은 IMU를 지원해주었다. IMU의 정치적, 경제적, 사회적, 이데올로기적 이념은 '아돌라트'의 와하비주의와 유사한데, IMU는 군사 공격을 통한 정권 전복 방식을 용인하고 있다. IMU 행동대원들은 우즈베키스탄에서 테러 활동을 하고, 타지키스탄 내전에 참여하여 '타지키스탄 이슬람 부흥당'과 연계, 반군에 합류하여 군사 행동에 나섰다. IMU는 내전이 종결된 이후에는 타지키스탄 반정부연합 전선에서 이탈하고 당시 아프가니스탄의 탈레반 정권과 연계, 1999년 8-9월과 2000년에 행동대원들이 아프가니스탄 국경을 지나서 타지키스탄과 키르기스스탄으로 들어가 과감한 군사 행동을 감행했다. 2001년에 '나만가니'는 빈 라덴의 실질적 조력자가 되었다. 9.11 사태이후 아프가니스탄 전쟁 때에 미국의 공격으로 IMU의 세력은 현저히 약화되었고 '나만가니'는 폭격을 받고 사망한 것으로 보도되었다. IMU 대원들은 아프가니스탄에 머물고 '율다세프'가 IMU 최고 지도자가 되었다. 율다세프와 대원들은 파키스탄에서 활동 중인 것으로 알려지고 있다.

IMU에 대한 우즈베키스탄 정부의 대응

그러면 IMU의 활동에 대해 우즈베키스탄 정부는 어떤 입장을 취하였을까? IMU의 군사 공격과 테러에 대해 우즈베키스탄 정부는 IMU를 포함한 이슬람 원리주의 단체를 반정부 조직으로 규정하고 엄청난 탄압을 가하였다. 정부는 IMU를 국가 안보와 정치 질서를 교란하는 반국가 단체로 규정하고 조직원들을 구속하거나 해외로 추방했다. IMU의 핵심 지도자들도 해외로 도피하였다. 카리모프 대통령은 자국의 안보가 이슬람 원리주의에 의해 위협을 받는다고 주장하면서 이슬람 사원을 폐쇄하기 시작했다. 우즈베키스탄에서 이슬람 사원은 해외 이슬람 국가의 선교사들과 개인에 의해 후원받고 있었다. 우즈베키스탄 정부는 1998년에 '양심의 자유와 종교 조직'이라는 종교법을 통과시키는데, 이 법은 국가안보에 위배된 종교 권리를 제한하는 내용으로 이루어져 있다.

공공 학교에서의 종교적 논쟁은 물론이고 종교 원칙과 정신을 가르치거나 배우는 사적 교육도 금지되었다. 또 공공장소에서 성직자를 제외한 사람들의 종교성이 표현되는 의복 착용도 금지됐다. 종교 단체는 출판을 하거나 자선 활동을 하기 위해 허가를 받아야 하고 특별히 급진적 이슬람 원리주의의 종교 주제와 논쟁은 아주 엄격히 금지되고 처벌을 받도록 하였다. 우즈베키스탄에서 원리주의 단체가 세력을 넓혀가자 여성이 '히잡'을 착용하는 관습과 남성이 무슬림 전통복장을 입는 것, 수염을 기르는 것, 젊은 사람이 이슬람 사원을 방문해 이슬람식 '아잔'이라는 기도를 큰 소리로 하는 행위 등을 공공연하게 할 수 없게 되었다. 종교단체의 공식적 정치 활동과 사회활동은 금지되었다. 정부는 종교 검열관들에게 모든 종교적 문건을 승인하라고 지시했지만, 실제로 많은 검열관들은 거부권을 행사했다. 정부는 이슬람 급진주의 세력 확장을 국가 존립의 위험으로 간주하고 원리주의 단체들을 강경하게 탄압하였다.

IMU는 1999년 2월 16일 타시켄트에서 대통령 암살을 노린 테러의 배후 단체로 지목되었다. 이 테러는 대통령 암살을 노린 행위가 아니라 정부가 이슬람 원리주의자들을 탄압하기 위한 계획의 일환으로 벌인 자작극이라는 주장이 제기되기도 했다. 정부는 약 8천 명의 사람들을 체포하고 테러 혐의자는 유죄를 선고받았다. 그들 중 많은 숫자가 결핵으로 감옥에서 사망한 것으로 보고되었다. 체포된 사람들 중에는 또 다른 이슬람 원리주의 단체인 해방당의 조직원들도 포함되어 있다. IMU는 정부의 대응에 맞서 1999년 8월과 9월에 키르기스스탄의 '바트켄' 지역을 습격하기도 하였다. 2001년에 IMU는 IMT(Islamic Movement of Turkestan)로 명칭이 바뀌었으나 그 이후에도 일반적으로 IMU로 불린다. 키르기스스탄에서는 IMU 대신에 '중앙아시아 이슬람 운동'(IMCA)이라는 명칭을 내걸고 새로운 조직으로 출범했다. 이 단체에는 과거 타지키스탄의 야당 무자헤딘과 키르기스스탄과 카자흐스탄, 위구르 분리주의자인 일부 무장단체가 포함되고 있다. 율다세프가 이 조직의 지도자이다. IMCA는 아프가니스탄, 타지키스탄, 키르기스스탄, 그리고 중국 접경 지역에서 이슬람 원리주의 운동을 펼치면서, 타지키스탄과 키르기스스탄 국경을 지나 우즈베키스탄으로 침투할 계획을 가지고 있다.

해방당(Hizb ut-Tahrir) : 히즈브 웃 타히르

IMU 이외에 또 다른 이슬람 원리주의 단체로 1990년대 중반에 중앙아시아에 나타난 급진적 조직인 Hizb ut-Tahrir(이하 HT)가 있다. HT는 원래 초국가적 이슬람 기구이고 1953년 예루살렘에서 최초로 창설되었다.[166] 중동이외 북부 아프리카와 동남아에 HT 지부가 세워졌다. HT는 어떠한 방법으로 자금을 마련하는지도 알려지지 않았지만 높은 수준의 인프라 구조를 가지고 있는 것으로 알려져 있다. 이들은 이슬람의 이데올로기를 가진 정치적 정당이며 목표는 전세계 무슬림 공동체를 이슬람근본주의로 돌아오게 하는 것이고 이슬람의 근본법인 샤리아(shariah)를 따르고 칼리파 국가 아래 있게 하는 것이다. 그러나 대부분의 국가에서 이 단체는 비합법적인 조직으로 규정되고 구성원들이 여러 차례 구속되기도 했다. HT 본부는 공식적으로 공표 되지 않았지만, 영국 런던인 것으로 파악된다. 웹 사이트에 따르면, HT의 목표는 전 세계 무슬림 공동체가 이슬람 고유의 삶과 생활로 돌아가고 이슬람의 근본법인 샤리아를 준수하며 신정 국가로서의 정체성을 회복하는 것으로 나와 있다. 최종적 목표는 칼리프 국가를 건설하는 것이다. 그래서 HT의 슬로건도 '칼리파' 혹은 '죽음'이다.[167]

해방당의 급진적 이념과 특성

HT는 이슬람을 신봉하는 국가의 정치 사회를 지배하는 제국주의 국가에 대항하여 이념적, 정치적 투쟁을 벌인다. 또한 아랍이나 무슬림을 신봉하는 국가가 이슬람이 추구하는 근본정신에서 벗어나 있다고 판단되면, 형제 이슬람 국가에도 이슬람의 진정한 정신을 설파하고 이슬람의 사명을 고취해야 한다고 강조한다. 심지어 이슬람 정신을 위배하는 이슬람 국가에 대한 정권 교체 투쟁도 불사한다는 것이 공식 강령으로 되어있다.[168] HT 지도자들은 2000년대에 들어 지속적으로 이슬람 원리주의 단체의 관계자들과 협력 관계를 지속하지만, 특별한 연합 조직을 이루지는 못하였다.

HT에 여성의 참여도 가능하고 아랍인이나 비아랍인, 백인이나 유색인종에 관계없이 회원 가입은 비교적 자유롭다. 우즈베키스탄의 법 집행 기관에 따르면, 이 조직의 구성은 신입 회원에서부터 최상위 지도자까지 7개의 직책으로 되어있고, 핵심 지도부는 5명으로 구성된다. 활동 원칙은 "개인이나 공동체에 이슬람 원리주의 운동을 전파하는 일을 최우선 행동 원칙으로 삼고 있으며, HT의 세력과 조직원을 확장하는 것으로부터, '다와'[169]의 경지까지 사람들을 인도하는 것"이다. HT의 이슬람 사상과 원칙을 지속적으로 교육하기 위해서 모스크, 일반 회합 장소, 이슬람 언론, 그리고 이슬람 저서 등을 통해 HT의 교훈과 가르침을 전파하는 것이 조직원들의 행동 원칙이다.

HT의 공식적인 입장은 군사 무장에 대해서는 반대 입장을 표명하지만, 중앙아시아의 페르가나에서는 지역 주민들을 세속 정부에 투쟁하는 운동으로 이끌기도 하였다. 중앙아시아에서 HT는 1992-93년에 타시켄트에서 최초로 출현했다. HT 원리주의 운동은 페르가나 이외의 도시지역에 확실한 기반을 가지지 못하였다.[170] HT는 중앙아시아, 특히 우즈베키스탄에서 자생적으로 발전한 측면이 있지만, HT 이념을 최초로 전수한 사람은 요르단인으로 여겨지고 있다. 파키스탄의 HT 원리주의자들이 우즈베키스탄에서 최초로 활동했다는 의견도 있다. 중앙아시아에서 HT가 주로 출현하고 활동한 지역은 '페르가나'이고, 안디잔, 타시켄트(1992-1994), 그리고 1998년

이슬람 카리모프 대통령

이후에는 타지키스탄과 키르기스스탄 지역에 조직원들이 활동했다. 일반적으로 HT 그룹에는 대학생들, 인텔리겐치아, 지식산업에 종사하는 사람들이 참여하고 있다. 특히 대학생 등 젊은이들은 갑작스러운 체제 변화의 시스템에 적응하지 못하고, 원리주의의 급진적 사상에 경도되고 있는 것으로 분석된다. 즉 국내의 사회정치적 상황에 대한 냉소적 태도와 감성적인 태도로 인해 급진적 사상을 수용하는 경향이 짙다.[171)]

1990년대 중반 이후에 이 단체의 주공격 대상은 우즈베키스탄인 것으로 추정된다. 공식 웹사이트에서도 우즈베키스탄 카리모프 대통령이 진정한 무슬림이 아니라고 공격하고 있는데, 카리모프에 대해 다음과 같이 언급하고 있다.[172)]

> 카리모프는 비록 그가 무슬림이라고 공표하였음에도 불구하고 우리와 같은 무슬림이 아니다. 그의 어머니는 유대인이며 아버지가 어떤 민족에 속하는지도 사실은 명확하지 않다. 카리모프는 어머니의 혈통을 따른다면 유대인이다. 카리모프를 중심으로 우즈베키스탄에서 활동하는 정치 지도자들은 무슬림이다. 그러나 그들의 국적은 러시아, 유대인, 중국인, 아르메니아인이다. 그들은 진정한 무슬림 신자와는 관계없고 정치적 이익만 쫓고 있다. 그러므로 우즈베키스탄의 국가 통치자는 이슬람을 신봉하지 않으며, 그는 우즈베크 민족에 속하지도 않는다.

상기의 언급을 통해 HT는 우즈베키스탄 통치자들이 실제적인 무슬림이 아니며, 이슬람 이념으로 국가가 통치되지 않고 있다는 사실을 강조하고 우즈베키스탄을 '윌리야'(Wilaya)라고 언급하고 있다. 이는 하나의 '주'(province) 개념인데, 이런 용어를 사용한 이유는 HT가 '무슬림 연합 국가'를 하나의 이상으로 추구하고 있다는 것을 보여주고자 했기 때문이다. 2002년 봄, 카리모프 대통령은 국영 TV에 출연해 HT를 제거하겠다는 강력한 의지를 국민들에게 천명했다.

IMU와 해방당의 공통적 이슬람 이념

IMU와 HT가 공통적으로 동의하는 것은 무슬림 행정 조직이 이미 부패하고 정신적 파산내지는 공황 상태에 이르렀다는 사실이다. 이 단체들은 이슬람 국가에서도 전체적으로 도덕적 갱신이 필요하고, 진정한 무슬림 공동체의 정신으로 돌아가야만 도덕적 타락을 극복할 수 있다고 판단한다. 기본적으로 IMU와 HT는 정치, 종교적 성격을 양면적으로 가지고 있는 결사체이다. 이들은 중앙아시아 정부가 추구하는 국가발전의 안티테제이다. IMU와 HT는 신정국가 모델을 추구하는데, 정치적 영향력을 확보하기 위하여 종교적 이슈와 이슬람 사상을 강하게 전파하고자 한다. 두 단체의 회원들은 강력하고 통일적인 이슬람 이념을 가지고 행동에 나서고 있다는 점에서 IMU와 HT는 향후 중앙아시아 이슬람 사회의 중요한 역할을 지속해 나갈 것으로 전망된다. 그러나 당분간은 중동지역의 대표적인 급진적인 이슬람 단체인 '하마스'처럼 중앙아시아 사회에 결정적 영향력을 확보할 것으로는 보이지 않으며, '하마스'만큼의 영향력을 확보하기 위해서는 중앙아시아 사회의 내부적 요소들, 즉 정치적 상황과 이데올로기가 이슬람 원리주의를 수용할 만큼의 추동력을 확보할 수 있느냐가 관건이 될 것이다.

기타 급진적 원리주의 단체

1991년 독립을 전후로 해서 나타난 중앙아시아 원리주의 단체로는 IMU와 해방당 뿐만이 아니라 '이슬람 부흥당'(IRP : Party of Islamic Renaissance), '이슬람과 민주주의'(Islam and Democracy), '인민전선'(The People's Front), 아돌라트(Adolat; 정의), 헤즈볼라(Hezbollah), 타브바(Tavba)와 카자흐스탄의 '알라쉬 민족독립당'(Alash party for National Independence) 등이 있다.173)

특히 상기 이슬람 원리주의 단체 중에서 타지키스탄의 내전을 주도한 '이슬람 부흥당'은 매우 독특한 위치를 차지한다.174) IRP는 중앙아시아 지역이 아니라 러시아연방 북코카서스의 볼가강 유역인 '아스트라한'에서 창당되었다. 이 정당의 중앙당은 모스크바에 설치되었다. IRP는 우즈베키스탄과 타지키스탄을 중심으로 활동하였는데, 우즈베키스탄 IRP는 1992년 창당되었다. 주로 인구가 밀집한 페르가나 계곡 지역이 활동 근거지였다. IRP는 1990년 말부터 '압둘라 우타'(Abdullah Uta)를 의장으로 정당 등록을 위한 정치활동에 들어갔으며, 1991년 2월에는 타시켄트에서 '압두라힘 풀라토프'(Abdurrahim Pulatov)가 이끄는 민족주의 야당 '비를리크'(Birlik)와 공동으로 카리모프 정권을 규탄하는 정치집회도 기획하였다.

우즈베키스탄 IRP는 카리모프 정권의 탄압으로 전국적인 정치세력화에는 실패했다. 우즈베키스탄과 카자흐스탄 등 중앙아시아 정부가 연대하여 대대적 정치적 탄압을 함으로써 세력 확산에 성공하지 못했던 것이다. 이슬람 원리주의 운동은 기본적으로 지하운동의 형태로 세력을 유지해나갔다.175) 타지키스탄에서 IRP는 내전 당사자였다. 타지키스탄 야당과 IRP는 연대하여 정부군에 대항하는 반군을 결성하고 활동하였다. IRP는 타지키스탄의 광범위한 지역에서 세력을 얻었다. 중앙아시아 이슬람 원리주의 단체로는 이례적으로 IRP는 타지키스탄의 야당 세력으로 중앙정부에 각료로 진출하고 있으며, 현실 정치에 참여하고 있다.

'이슬람과 민주주의' 정당은 1988년에 창당되어 중앙아시아 전 지역을 포함하는 거대 이슬람정당으로의 발전을 추구하고 있다. 이 당의 슬로건은 무슬림들의 '영적 타락으로부터의 구제'이다. 이외에 코란의 기본 원리에 대한 가르침을 강조한다. 이 정당은 1989년 중앙아시아 이슬람 종교청의 무프티(Mufti)인 '바바카노프'를 축출하였는데, 그는 소련 정부의 유력한 조력자였다. 이외에 '인민전선'은 급진적 원리주의 정당으로 페르가나의 나만간을 중심으로 활동한 비밀결사 조직인데, 이슬람 공화국 건설이 이 당의 목표이다. 중앙아시아 원리주의 단체인 '헤즈볼라', '아돌라트', '타브바'는 무슬림 전사 조직으로 이슬람 국가 건설과 이슬람법 샤리아가 중앙아시아에 시행되는 것을 목표로 삼고 있고, 이를 위해 군사적 투쟁을 강조하였다. '타브바'는 1990년대 초 걸프전서 사담 후세인 대통령의 이라크 정부를 지지하면서 이라크에 10만 명의 전사를 지원하겠다고 약속하기도 했으나, 실현되지 못했다.[176)]

그리고 몇 개의 작은 이슬람 단체들이 있는데, 단기간으로 정부의 법적 인정을 받았던 적이 있다. 그러나 이 단체들은 대부분 엄격한 이슬람주의자들이라기 보다는 민족주의 경향이 더 강하며, '민족 부흥'을 이루는 목적만을 추구하고 있다. 예를 들면, 카자흐스탄의 '알라쉬'(Alash)당은 1990년대 법적으로 활동이 금지되기 전까지 그러한 역할을 하였다. 타타르스탄의 '이티파크'(Ittifak) 단체는 1990년대의 전반기에 민족주의 경향에서 1990년대 말에는 이슬람주의 운동으로 전환했다. 그러나 그 이후 이 단체는 타타르 민족의 부흥을 목적으로 활동하였다.

4. 중앙아시아 이슬람 원리주의 단체의 활동

중앙아시아 원리주의 단체는 급진적이고 정치 지향적이다. 포스트소비에트 시기에 이러한 경향을 '정치적 이슬람'(Political Islam)이라고 명명한다. 급진적 원리주의 단체의 행동을 통해 나타나는 외부적 결과는 다양한 형태를 보였다. 그렇다면 국내정치 영역과 국제관계에서의 정치적 이슬람의 영향력은 중앙아시아에서 어느 정도로 나타나고 있을까? 이슬람이 '정치적'이라고 언급하는 데에는 급진적(radical) 요소를 함유하고 있다는 의미이다.

중앙아시아 이슬람은 일반적으로 전통적 이슬람, 정부 공인 이슬람, 정치적 이슬람으로 구분한다. 이 중에서 정치적 이슬람은 무슬림 세계에서 이슬람의 역할과 기능이 칼리프 시절의 이슬람의 원칙을 지키지 못하였다는 인식에서 출발한다. 독립 이후 이슬람 전통주의자와 공인 이슬람 신봉자들은 급진적' 무슬림의 등장을 경계하면서 공통의 합의점을 모색하였다. 그러나 1992년 이후 타지키스탄 내전으로 인해 급진적 원리주의 단체의 영향력이 급속히 증대되면서 우즈베키스탄, 타지키스탄, 키르기스스탄 국경과 인접 지역에서 원리주의 단체의 비밀 조직들이 부상하기 시작했다. 투르크메니스탄에서는 급진적 이슬람 세력이 나타나고 있다는 징후는 거의 발견되지 않았다. 이는 이 국가에 이슬람 원리주의 세력이 아예 존재하지 않거나, 2006년 말에 급사한 니야조프 독재 정부가 급진적 이슬람 세력을 효과적으로 통제했다는 의미가 된다. 사실상 중앙아시아 내에서 급진적 원리주의 추종 세력이나 단체가 어느 정도 되는

지 정확히 예측하기는 쉽지 않다. 중앙아시아의 정치적 이슬람의 대표적 현상은 타지키스탄 내전에 IRP가 참여했다는 사실과 우즈베키스탄의 급진적 원리주의 단체들이 몇 차례의 군사적 행동을 했다는 사실로 크게 요약될 수 있다.

IMU, 해방당과 중앙아시아 현실 정치

IMU와 HT 등의 이슬람 원리주의 단체가 행하는 현실 정치적 의미는 무엇일까? 이슬람 원리주의는 반정부적 요소를 가지고 있다. 특히 우즈베키스탄정부가 국내정치 상황을 장악하기 위해 무슬림들을 탄압하자, 이슬람 원리주의 단체들은 반정부활동에 나섰다. 정부는 1996년과 1998년에 '나만간'에서 이슬람 원리주의자들을 대대적으로 체포했다. 이후 정부 관리들과 경찰들이 이 지역에서 살해당하는 사건이 발생했다. 나만간은 아프가니스탄과 마약 거래를 하는 주요 요충지로 알려져 있는데, 이러한 범죄가 마약 상거래와 연관되어있다는 증거는 없었다. 그러나 정부는 모스크 지도자들과 종교 기관 회원들에 대해 지속적으로 탄압을 가해왔다. 이러한 일련의 반복된 사건으로 무슬림 행동주의자들의 친척들은 남성, 여성 구분 없이 체포되었다. 나만간 이외 지역에서도 무슬림들에 대한 체포가 있었지만, 규모면에서 나만간을 능가하는 곳은 없었다. 1999년 이슬람 과격파의 소행으로 보이는 카리모프 대통령을 겨냥한 암살 테러가 타시켄트에서 일어났는데, 이 사건으로 12명이 사망하고 1백 명이 부상당한 가운데 대통령은 무사했다. 한 시간도 안 되어 이슬람 원리주의자들이 이 사건에 연루된 것으로 발표되었다. 정부는 이슬람 원리주의자들이 이 사건에 연루되어 있다고 발표를 했지만, 사실상 제출된 증거만으로는 이를 입증하기는 어려웠다. 수만 명의 사람들이 체포되었고, 이에 따라 많은 사람들이 인근 국가로 피신하기도 하였다. 우즈베키스탄 이외 중앙아시아 국가들은 카리모프 정부를 지지하고 용의자들을 인도하기도 하였다.

이외에 심각한 사건은 1999년 8월에 발생하였다. IMU 행동대원들이 키르기스스탄 국경을 거쳐 우즈베키스탄 정부에 대해 군사 공격을 감행한 사건이었다. 이들은 이슬람 신정국가 건설을 표면적 이유로 내걸었는데, 약 5백 명 정도의 무장군인들이 참여하였다. 우즈베키스탄 국경 근처에 도달하자 우즈베키스탄 군인들이 방어하였고 행동대원들은 몇 명의 인질을 데리고 키르기스스탄의 산악 지역으로 후퇴했다. 우즈베키스탄 정부는 이들의 은신처에 폭탄 공격을 가했지만, 무고한 키르기스스탄 주민들이 오폭으로 사망하였다. 국경의 타지키스탄 마을도 폭격을 받았다. 인질들은 1999년 10월에 일본 정부가 막대한 몸값을 지불함으로써 풀려났다. 이 사건은 원리주의 단체에 대한 두려움을 중앙아시아 지도자들에게 불러 일으켰다.

우즈베키스탄 정부는 이슬람 원리주의 단체가 해외 급진적 이슬람 무장 단체와 연계를 맺고 있다고 주장하고 국민들을 상대로 원리주의자들에 대한 국가적 경계심을 부각시켰다. 카리모프 대통령은 우선적으로 국가 안보가 심각한 위협에 처해있다는 것을 강조하면서 이슬람 모스크를 폐쇄하기 시작했다. 그리고 체포된 무슬림 원리주의 회원들에 대해 가혹한 처벌을 내리기도 하였다. 카리모프 대통령이 언급한 신조가 있다. 이는 '이데올로기는 이데올로기로 투쟁해야한다'(An ideology should be fought with an ideology)는 신념인데, 이를 對 이슬람 원리주의 정책에 적용하고 있는 것이다. 우즈베키스탄은 중앙아시아의 전통적 핵심 국가로 이슬람의 영향력이 가장 강한 지역이다. 카리모프 정부의 정치적 탄압으로 25만 명 정도의 양심수가 있고, 이중 40% 이상이 이슬람 불법 활동으로 체포된 사람들이다. 이들은 대략 10년에서 20년까지의 장기형을 선고받았다.

카리모프 정권은 국제사회가 이슬람 원리주의 단체를 불법으로 규정하는 데 힘입어 무슬림 원리주의자들에게 가한 탄압을 정당화할 수 있었다. 무슬림들을 정치적 박해로 다스리던 우즈베키스탄에 대한 국제사회의 비난도 9.11 사태로 현저히 줄어들었다. 미국 주도의 국제적인 반테러 연합에 동참하고, 이를 이슬람 세력을 제거하는 수단으로 삼아 국내 정치를 확실히 장악하고자한 국가가 우즈베키스탄이다. 현재는 우즈베키스탄이 친서방 경향의 GUUAM에서 탈퇴하고 친러 중심인 SCO(상하이협력기구)에 참여, 친러시아 국가전략을 채택하고 있지만, 한때 9.11 사태이후 일정한 기간 미국과 우즈베키스탄의 외교관계는 대폭 강화되었다. 미국도 중앙아시아 지역에 민주주의를 확산하는 정책을 적극적으로 추진하기 보다는, 테러와의 전쟁 등 안보 문제에 더 심혈을 기울였는데, 카리모프 정부의 입장에 동조하는 입장을 취하기도 하였다.

이슬람 원리주의의 현재적 함의

상기의 내용을 통해 중앙아시아 이슬람 원리주의에 대한 현재적 함의와 원리주의에 대한 인식은 어떠한 형태로 해석되어야 하는 것인가?

첫째, 이슬람 원리주의는 역사적으로 사우디아라비아 등 매우 보수적인 이슬람 국가에서 도입되었다는 사실이 지적되어야 한다. 중앙아시아의 이슬람 원리주의 단체가 외부세력과 연계된 국가군으로는 사우디아라비아, 아프가니스탄, 파키스탄 등 수니파 원리주의와 급진주의 이슬람을 신봉하는 국가들이다. 특히 이슬람 국가 중에서 테러리스트들과 연계된 것으로 파악되는 국가들이 이슬람 원리주의 단체에 많은 경제적 후원을 하였다. 이에 따라 중앙아시아의 이슬람 원리주의 추종 세력들이 러시아, 미국 등 서방국가에 대한 반외세적 입장을 견지하고 있다는 추론이 가능하다. 이는 중앙아시아 이슬람이 역사적으로 반제국주의적 경향을 보여 왔다는 점에서 향후 상당한 기간 동안 이러한 추세가 지속될 것으로 보인다. 즉 독립 이후 이슬람 원리주의는 국제관계의 틀 속에서 일정한 역할을 하고 있다. 이슬람 원리주의 자체가 반정부적, 반외세적 입장을 보이기 때문이다. 중앙아시아 국가들에 대한 과거의 강력한 영향력을 복원하고자 하는 러시아는 중앙아시아의 국가 통치 이념과 발전 경로에 대해 아주 깊은 관심을 보였다. 즉 이슬람 원리주의자들이 아프가니스탄, 파키스탄 등과의 마약 유통지로 중앙아시아를 활용하고 있다는 점에서 강대국들은 매우 민감한 반응을 보이고 있다. 이러한 관점에서 중앙아시아의 지정학적 역학 관계는 다변적이며, 각국의 대외전략은 개별 국가가 처해 온 정치 통치에 결정적 영향을 받아왔다.

중앙아시아 국내 정치의 변수

둘째, 이슬람 원리주의는 중앙아시아 정치지도자들의 국가 건설(state building) 및 민족 정체성 확립에 가변적 요소로 작용하고 있다. 독립 이후 2012년 현재까지 중앙아시아 정치지도자들은 민주주의 원칙보다는 과거 소련의 통치 체제인 권위주의 방식을 국내 정치에 활용했다. 공산주의 이념이 사라지고, 국가 건설 과정에서 구소련권 출신들은 여전히 국가의 지배층으로 남아있다. 이러한 특수 상황에서 정권을 유지하고자 하는 공산 지도자들은 과거의 공산주의식 훈육의 한계를 벗어나지 못했다. 특히 우즈베키스탄 등 강성권위주의 국가에서 행하는 이슬람 원리주의자들에 대한 탄압 자체는 소련의 절대주의 체제의 역사적 유산으로 해석될 수 있다. 특히 타지키스탄 내전에 참여한 카리모프 대통령은 자신의 정권을 공고히 하기 위한 목적으로 원리주의자들을 탄압하였다. 그는 이슬람 원리주의자들의 활동을 제한하는 종교법을 통과한 이후에 의회에서 이슬람 극단주의자들을 온정주의로 다루지 말라고 하면서, "그런 자들은 이마에 총을 쏴야한다. 필요하다면 내가 직접 쏠 것이다."는 극단적인 주장을 서슴지 않았다.[177]

이념적 변수로서의 이슬람 원리주의

셋째, 이슬람 원리주의는 과거 소비에트 체제 시기의 사회주의 이론을 대체하는 하나의 이념적 변수라는 사실이 강조되어야 한다. HT는 공산주의 이념 방식을 우즈베키스탄에서의 활동 근거 수단으로 활용하고 있다. HT의 전략적 접근 방식은 '우리'와 '그들'로 편 가르기式이다. 러시아의 이슬람 학자 '추그로프'는 HT는 이러한 방식으로 우즈베키스탄을 "적들의 국가", "제국주의국가", "공산주의 국가" 등으로 분류 짓는 방식을 이용하고 있다고 강조했다.[178] 이슬람 원리주의는 국가의 혁명적 요소로 국민들의 지지를 받을 수 있는 가능성은 존재하지만, 현재 그러한 가능성이 매우 높거나 충분한 조건이 성숙되어 있지는 않다.

외부에서 유입된 이슬람 원리주의

넷째, 중앙아시아 이슬람 원리주의는 외부에서 도입된 이슬람 이념이므로 중앙아시아 특유의 투르크계 민족적 요소와는 상충되는 이데올로기이다. 이슬람 원리주의 지도자들은 이슬람 신정국가 체제의 이론적 근거를 외부 세계의 이슬람 급진주의 단체로부터 수입하였다. 2001년 9.11 사태 이후 미국과 러시아가 대테러리즘 정책을 강화해 나갈 때도 HT와 IMU 등 원리주의 단체들은 이에 반대하며 투쟁해 나갔다. IMU는 탈레반과 '빈 라덴'의 알카에다 조직과 접촉하기 시작했고, HT는 우즈베키스탄에서 셈족과 러시아, 미국을 비방하는 전단지를 뿌리기 시작했다. 특히 테러와의 전쟁은 이슬람을 응징하는 구실로 중앙아시아에 인식되었다. 중동에서는 이스라엘, 동 투르키스탄에서는 중국, 중앙아시아에서는 우즈베키스탄이 테러와의 전쟁을 구실로 이슬람 세력을 억누르는 정책을 도입한 대표적인 국가들이다. IMU나 HT는 테러리스트 행동과 연관되어있고, 반외세적 행동 이념을 실천에 옮긴 단체이다. IMU는 독일, 미국, 호주, 캐나다, 러시아에서 테러단체로 선포되고 HT는 독일 정부에 의해 불법단체로 규정되어 있다. 미국은 9.11 사태 이후 안보 문제가 중앙아시아를 중심으로 국제 사회의 주요 현안으로 부각한 점을 인식하고 중앙아시아 무슬림 원리주의 단체가 국제 테러에 연관되어 있다고 주장하면서 중앙아시아 정부를 지원하였다. 우즈베키스탄은 대테러리스트 동맹의 대가로 러시아와 미국으로부터 경제적 지원을 받았는데, 대테러 정책이 절정기에 올랐던 2002년도 우즈베키스탄 국가예산은 전년보다 3배 증가했다.[179)]

중앙아시아에서의 이슬람 원리주의는 19세기 이래로 대러시아 항쟁을 통해 그 역사적 기원이 시작되었고 1991년 독립 이후에는 반정부적 경향을 보이면서 국내 정치 및 국제관계에 적지 않은 영향력을 가져왔다. 중앙아시아 사회가 이슬람 원리주의를 어떠한 방식으로 수용하면서 이념적, 신앙적, 종교적 태도를 견지하는 것인가 하는 부분은 현실적 국가 상황의 필수적 화두에 속하는 주제이다. 이러한 현상이나 태도는 중앙아시아 사회의 현대화와 직접 연결된 변인 요소로 작용한다. 중앙아시아는 현재 국가건설과 민족건설이라는 역사적, 정치적인 변혁기에 있기 때문이다.

중앙아시아 원리주의는 독립 이후 중앙아시아 사회를 이해할 수 있는 총체적이고 종합적인 인식의 혜안을 제공하는 이념적 요소이다. 러시아가 중앙아시아를 정복한 이후로, 가까이는 중앙아시아 각국이 최초로 독립 국가를 이룬 1991년 이후로 사회적, 정치적, 종교적, 이데올로기적, 경제적 위기라는 공통된 사회 환경에 의해 발생한 이념이 원리주의라고 할 수 있다. 중앙아시아의 전통적 공동체가 지속해온 다양한 관점들, 즉 투르크 민족이라는 민족 정체성 관점, 유목문화와 정주문화로 대변되는 문화적 관점, 전통적 부족 연맹체라는 역사공동체적 관점에 이르기까지 다양하고 복잡한 국가의 총합적 문화 요소로 중앙아시아를 일반적으로 규정할 수 있는데, 독립 이후에 매우 뚜렷이 부각된 이념적 요소가 원리주의였다. 향후 중앙아시아 이슬람 원리주의는 카자흐스탄으로 대변되는 경제발전의 미래와 서방 패권 국가들의 헤게모니 경쟁 구도, 그리고 여전히 구공산권 출신의 정치 지도자들이 정치적 헤게모니를 장악하고 있는 국내정치적 상황에서 나타나는 이념적 변수와 국제정세의 변화, 중앙아시아 외부의 급진적 이슬람 원리주의 단체의 투쟁 방향, 그리고 중앙아시아 각국의 새로운 통치 이념 등이 일정한 변인 요소로 기능할 것으로 전망된다.

참고문헌

• 국문 참고문헌

강봉구. “우즈베키스탄 대외정책의 노선 전환: 미국과 러시아 사이에서.” 『슬라브 학보』 22-1. 2007. pp. 47-75.

김상철. “중앙아시아 소수민족관계 연구: 카자흐스탄 사례를 중심으로 – 카자흐스탄다민족 문화공동체 형성에 대한 역사적 접근–.” 『한국중동학회논총』. 28-1. 2007. pp. 349-353.

_______. “중앙아시아 주요 토착민족 공동체의 상이성 연구: 우즈베크 및 카자흐의 국가형성과정과 대 제정러시아 관계를 중심으로.” 『중소연구』 32-2. 2008. pp. 186-194, 215-220.

김인성. “중앙아시아 권위주의 체제의 특성 분석.” 『러시아어문학연구논집』 25집.

김정위. “근대의 범이슬람 사회정치 운동.” 『중동연구』 18-1. 1999. pp. 337-378.

문명식. “구소련지역과 러시아에서 이슬람과 민족문제.” 『슬라브 연구』 14. 1998. pp. 289-301.

박창규. “국가 형성과 이슬람의 역할과 의미 - 중앙아시아의 역사적 측면을 중심으로.” 『한국슬라브학회 2007년 제1차 정기논문발표회집 사회과학분과』 pp. 1-23.

베네딕트 앤더슨. “상상의 공동체, 민족주의의 기원과 전파에 대한 성찰.” (윤형숙 역) 『나남』 2002.

보흐단 나하일로, 빅토르 스보보다 공저. 『러시아 민족문제의 역사』. 정옥경 번역, 신아사, 2002.

손영훈. “중앙아시아 이슬람 급진주의(Radicalism)의 태동과 성장.” 『이슬람학회 2006년 춘계발표논문집』 pp.11-21.

_______. “카작 칸국(15-18C)의 사회 구조 – 遊牧社會 封建制 논의를 중심으로.” 『한국외대 대학원 석사 논문』. 1997년.

손주영. “이집트 이슬람 원리주의 운동.” 『중동연구』 16-2. 1997. pp. 189-255.

_______. “이슬람 부흥주의와 이슬람의 이데올로기화.” 『한국이슬람학회논총』 11. 2001. pp. 1-21.

신범식. “푸틴시기 러시아의 근외정책과 중앙아시아.” 『현대 러시아 국가체제와 세계전략』. 한울아카데미. 2005. pp. 549-602.

______. “신거대게임으로 본 유라시아 지역질서의 변동과 전망.” 『슬라브학보』 23-2. 2008.

신양섭. “민중이슬람과 수피종단.” 『중동연구』 18-1. 1999. pp. 379-410.

성동기. “중앙아시아 민족주의와 이슬람의 정체성.” 『21세기 유라시아 도전과 국제관계』. 2006. pp. 364-367.

이경희. “중앙아시아 지정학의 변화와 정체성.” 『중동연구』 26-1호. 2007.

이문영. “중앙아시아의 종교 상황과 종교 정책 - 러시아 지배 유산의 극복과 이슬람의 발전.” 『국제지역연구』. 7-1. pp. 150-153.

______. “현대 중앙아시아의 이슬람 정치세력화: 타지키스탄 내전과 러시아-우즈베키스탄 관계.” 『러시아연구』. 제14권 제1호. p. 243.

우덕찬. “중앙아시아의 종교정책.” 『중동연구』 19-1. 2000. pp. 295-326.

______.“중앙아시아 국가들의 대이슬람 정책에 대한 연구.” 『중앙아시아연구』 5. 2000. pp. 158-174.

______. “우즈베키스탄 이슬람원리주의 운동.” 『중앙아시아연구』 6. 2001. pp. 277-292.

조정남. 『러시아 민족주의 연구』. 고려대학교 출판부. 1996.

정규영. “이집트 무슬림 형제단과 3대 지파의 조직 및 성격에 관한 연구.” 『2006 국제지역학회 춘계학술대회』.

정수일. 『이슬람문명』. 창비. 2002.

정세진. “제정러시아의 이슬람정책과 러시아 이슬람의 반제국주의적 정체성: 역사적 기원과 형성과정을 중심으로.” 『슬라브학보』 21-3. 2006. pp. 271-298.

제프리 호스킹. 『소련사』. 김영석 역, 홍성사. 1990.

최한우. 『중앙아시아학 입문』. 펴내기. 1997.

______. “소련 해체 이후 중앙아시아 이슬람 근본주의 운동의 현상과 과제.” 『중앙 아시아연구』 5. 2000. pp. 174-199.

______. 『중앙아시아연구(상)』. 펴내기. 2003.

______.『중앙아시아 연구(하)』. 펴내기. 2004.

황병하. “사우디 이슬람 원리주의 운동의 시대별 변천 과정과 이념적 특성 - 70년대와 90년대를 중심으로” 『한국중동학회논총』 23-1. 2002.

_______. “이슬람 원리주의 운동의 이념적 단일성과 정치적 다양성에 관한 연구 – 협력과 대립관계를 중심으로 –.” 『한국중동학회논총』 26-2. 2006.

• 영문참고문헌

Abdullaev, K. “Central Asian Emigres in Afghanistan : First Wave 1920-1930.” Central Asia Monitor. Vol. 5. 1994.

Abdullaev, K. and Barnes, C.(eds) Politics of Compromise: The Tajikistan Peace Process. Accord Series 10. London: Conciliation Resources, 2001.

Adjari, Shari. “Interview with the Chairman of the Democratic Party of Tajikistan, Dr. Shodmon Yusuf, and his Vice-chairman, Professor Rahim Musalmanian Ghobadiani.” Central Asia Monitor. No.3. 1994. pp. 10-14.

Ahmed, Rashid, Jihad: The Rise of Militant Islam in Central Asia, New Haven: Yale University Press, 2002.

Akbarzadh, Shahran. “National identity and political legitimacy in Turkmenistan.” Nationalities papers. Vol.27, No.2. 1999. p. 273.

Akiner, Shirin. The Formation of Kazak Identity: From Tribe to Nation-State. London: Royal Institute of International Affairs. 1995.

_______. “Islam, the state and ethnicity in Central Asia in historical perspective.” Religion State and Society. 24, 2/3(June-September). 1996.

_______. “Melting pot, Salad-Bowl or Cauldron? Manipulation and Mobilization of Ethnic, and Religious Identities in Central Asia.” Ethnic and Racial studies. Vol.20, No.2. 1997. pp. 362-398.

_______. “The Politicization of Islam in Post soviet Central Asia.” Religion, state & Society. Vol. 31, No. 2. 2003. pp. 97-100. 111-112.

Allowrth, Edward. Central Asia - 120 years of Russian Rule. 1989.

_______. The Modern Uzbeks. From the Fourteen Century to the Present. A cultural History. Stanford: Hoover Institution Press, 1990.

Anderson, John. "Social, Political, and Institutional Constraints on Religious Pluralism in Central Asia." Journal of Contemporary Religion, Vol. 17. No. 2. 2002.

Ariel, Cohen. "Hizb ut-Tahrir : An Emerging Threat to U. S. Interests in Central Asia." The Heritage Foundation Backgrounder. no. 1656. 2003.

Bartol'd, V.V. Turkestan down to the Mongol Invasion. trans. T. Minorsky. London, 1968.

BBC Monitoring International Reporters, February, 15, 2003.

BBC Monitoring report of Uzbek Radio second program, May, 1, 1998. http:www.hrw.org/presskarimovprof.htm.

Beeman, William O. "The Struggle for Identity in Post-Soviet Tajikistan." Middle east Review of International Affairs. Vol. 3, No. 4. 1999.

Bennigsen, Alexander, and Marie Broxup.The Islamic Threat to the Soviet State. London & Canberra: Croom Helm, 1983.

Bingol, Yilmaz. "Nationalism and democracy in Post-Communist Central Asia." Asian ethnicity. Vol. 5, No. 1. 2004. pp. 55-58.

Bohr, Annette. "The Central Asian States as Nationalizing Regimes", in ed. Graham Smith. Nation-Building in the Post-Soviet Borderlands. Cambridge: Cambridges University Press. 1998. p. 139.

Boudreaux, Richard. 5 nations in search of Identity, Los Angeles Times, 25 December. 1996.

Bremmer, Ian. "Nazarbaev and the North: State Building and Ethnic Relations in Kazakhstan." Ethnic and Racial Studies. Vol.17, No.4. 1994. pp. 619-635.

Broxup, Marie. "Islam." In Candle in the Wind: Religion in the Soviet Union. ed. Eugene B. Shirley, Jr. and Michael Rowe. Washington, D.C.: Ethics and Public Policy Center, 1989.

Cornell, Svante E. . "The United States and Central Asia: In the Steppes to stay?" Cambridge Review of International Affairs. Volume 17, Number 2. July 2004.

Cornell S. E. & Spector, R. A. "Central Asia: More than Islamic Extremists," The

Washington Quarterly. Winter 2002.

Dave, Bhavina. "National Revival in Kazakhstan: Language Shift and Identity Change." Post-Soviet Affairs. Vol.12, No.1. 1996. pp. 51-72.

David, Laitin. Hegemony and Culture: Politic and Religious Change among the Yoruba. Ithaca: Cornell University Press, 1986.

Dawisha, Karen and Parrot, Bruce. Russia and the New states of Eurasia. Cambridge: Cambridge University Press. 1994.

Dill, Hiro Between Marx and Muhammad : The Changing Face of Central Asia, London: Harper Collins Publishers, 1994.

Doyle, Michael . Empires. Ithaca: Cornell University Press, 1999.

Eitzen, Hilda. "Refiguring ethnicity through Kazak Genealogies." Nationalities Papers. Vol. 26. No. 3. 1998. p. 448.

Erlan, Satybekov, "The Secret Legion," Vechemiy Bishkek, Internet text in Russia, February 12 2003.

Esenova, Saulesh. "Soviet Nationality, Identity, and Ethnicity in Central Asia: Historic narratives and Kazakh ethnic identity." Journal of Muslim Minority Affairs. Vol. 22. No. 1. 2002. pp. 13-16.

Fierman, William. "Problems of Language Law Implementation in Uzbekistan." Nationalities Papers. Vol.23, No.3. 1995. p. 589.

Foroughi, Payam. "Tajikistan: Nationalism, Ethnicity, Conflict, and Socio-economic Disparities-Source and Solutions." Journal of Muslim Minority Affairs. Vol.22, No.1. 2002. pp. 41-42.

Gammer, M. Muslim resistance to the Tsar. London, 1994.

Gleason, Gregory. "National sentiment and migration in Soviet Central Asia." Nationalities papers, Vol.15, No. 2. 1987. pp. 228-244.

_______. "Foreign policy and domestic reform in Central Asia." Asian Ethnicity. 5-1. 2004.

Goble, Paul A. "The Rise of Ethnic Politics." Nationalities Papers, Vol. 17, No. 1. 1989. pp. 56-61.

Grousset, Rene. The Empire of the Steppe: a History of Central Asia. trans. Naomi Walford. New Brunswick, 1970.

Haghayeghi, M. "Islamic Revival in the Central Asian Republics." Central Asian Survey. Vol. 13. No. 4. 1994. p. 251.

_______. Islam and Politics in Central Asia. New York: St Martin's Press, 1995.

Henze, Paul "Fire and Sword in the Caucasus: The 19th-Century resistance of the North Caucasian Mountaineers." Central Asian Survey. Vol. 2. No. 1. July, 1983.

Human Rights Watch(1999) HRW World Report 1999 : Europe and Central Asia, country reports on the Central Asian states(http://www.soros.org/ceneurasia/hr127.html)

International Religious Freedom Report 2002: Uzbekistan, Bureau of Democracy, Human Rights, and Labor, Us Department of State(http:www.state.gov/g/drl/rls/irf/2002/13990.htm).

Kaiser, Robert. The Geography of Nationalism in Russia and the USSR. Princeton, NJ: Princeton University Press. 1994.

Kazakstan, Kyrgyzstan, Tajikistan, Turkmenistan, and Uzbekistan country studies.in ed. Glenn E. Curtis. Library of Congress Cataloging-in-Publication Data. 1997.

Kazakhstan: Language Law Comes into Force, ITAP-TASS. 15 July 1997.

Kendirbaeva, Gulnar. "We are Children pf Alash...", The Kazakh Inteligentsia at the Beginning of the Twentieth Century in search of National Identity and Prospects of the Cultural Survival of the Kazakh People." Central Asian Survey. Vol. 18. No. 1. 1999. pp. 5-36.

Klatt, Martin. "Russians in the Near Abroad," RFE/RL Research Report 3, No. 32, Aug. 19. 1994.

Kohn, Hans. "Soviet Communism and Nationalism: Three Stages of a Historical Development." in ed Allworth et al. Soviet Nationality Problems. New York: Columbia University Press. 1971. p. 48.

Kolsto, Pal. "Anticipating Demographic Superiority: Kazakh Thinking on Integration and Nation Building." Europe-Asia Studies. Vol. 50, No. 1. 1998. pp. 51-69.

Kreindler, Isabelle. "Multilingualism in the Successor States of the Soviet Union." Annual Review of Applied Linguistics. 1997. p. 93. 100.

Kuzio, Taras. "Nationalist Riots in Kazakhstan." Central Asian Survey. Vol. 7, No. 4. 1988. pp. 79-100.

_______. "Promoting Geopolitical Pluralism in the CIS: GUUAM and Western Foreign Policy." Problems of Post-Communism 47-3. 2000.

_______. "History memory and nation building in the post-soviet colonial space." Nationalities papers. Vol. 30, No. 2. 2002. p. 257.

Lewis, Bernard. The Emergence of Modern Turkey(London: Oxford University Press, 1961.

Lieven, Domic. "The Russian Empire and the Sovit Union as Imperial Polities." Journal of Contemporary History. Vol. 30. No. 4. Oct. 1995. p. 619.

Manz, F. Beartice. The Rise and Rule of Tamerlane. Cambridge: Cambridge University Press, 1989.

_______. "The development and meaning of Chaghatay identity." in Jo-Ann Gross(ed.), Muslims in Central Asia: Expressions of Identity and Change. Durham, NC: Duke University Press, 1992.

_______. "Multi-ethnic Empires and the formulation of identity." Ethnic and Racial Studies Vol. 26. No. 1. January 2003.

Martha, Brill Olcott. "Islam and Fundamentalism in independent Central Asia," Muslim Eurasia: Conflicting Legacies, London: Frank Cass, 1995.

Matveeva, Anna. "Democratization, Legitimacy and Political Change in Central Asia." International affairs. Vol. 75, No. 1. 1999. pp. 29-30.

McChesney. R. Waqf in Central Asia. Princeton. NJ: Princeton University Press, 1991.

Michnik, Adam. "Speaking with the Kazakh President." Transitions. Vol. 4, No. 2. 1997. pp. 79-100.

ORuzaliev, Odil "Islam in Uzbekistan: Implications of 9/11 and Policy Recommendations for the United States," Journal of Muslim Minority Affairs, Vol. 25. No. 1. April, 2005.

Philips, Andrew and James, Paul. "National Identity between Tradition and Reflexive Modernisation: The Contradictions of Central Asia. Nationalities Papers. Vol. 3. No. 1. 2001. pp. 26-28

Polyakov, S. Everyday Islam: Religion and Tradition in Soviet Central Asia. New York and London: M.E. Sharpe, 1992.

Radio Free Europe/Radio Liberty. Daily Digest, 17 January. 1994.

Rashid, Ahmed. The Resurgence of Central Asia: Islam or Nationalism? London: Oxford University Press, 1994.

_______. Jihad: The Rise of Militant Islam in Central Asia. New Haven: Yale University Press, 2002.

Richard, Roy. "How Muslims View Democracy: Evidence from Central Asia." Journal of Democracy 13-4(2002), pp.102-111.

Robinson, C. "Worldwide reorientation of U.S. military basing in prospect," Center for Defense Information, Military Reform Project, 7 October, <http://cdi.org/friendlyversion/printversion.cfm?documentID=1759>.

Roi, Yaacov. "The Securalization of Islam and the USSR's Muslim Areas." Muslim Eurasia: Conflicting Legacies. London: Frank Cass, 1995.

Roy, Olivier. The New Central Asia: The Creation of Nations. New York: New York University Press, 2000.

Ruzaliev, Odil. "Islam in Uzbekistan: Implications of 9/11 and Policy Recommendations for the United States." Journal of Muslim Minority Affairs 25-1 April. 2005. pp. 13-29.

Rywkin, Michael. Moscow's Muslim Challenge: Soviet Central Asia. New York: M. E. Sharpe, 1989.

Sabol, S. "The Greation of Soviet Central asia: The 1924 Delimitation." Central Asian Survey. 14/2. 1995.

Saidbaev, Talib. "Inter-ethnic Conflicts in Central Asia: Social and Religious Perspectives." in Kumar Rupesinghe et al(eds.) Ethnicity and Conflict in a Post-Communist World. New York: St. Martin's Press, 1992.

Smith, Anthony D. National Identity. ReNo, Las Vegas and London: University of

Nevada Press. 1991.

Socor, V. "Check by Jowl in Kyrgyzstan," Wall Street Journal, 8 August, <http:www.cdi. org./russia/johnson/7282-19.cfm>.

Subtelny, M. "The symbiosis of Turk and Tajik," in B. Manz(ed.). Central Asia in Historical Perspective. Boulder CO: Westview Press, 1994. p. 133.

Szporluk, Roman "Statehood and Nation Building in Post-Soviet Space." in Roman Szporluk(ed.) National Identity and Ethnicity in Russia and the New States of Eurasia. M.E. Sharpe : Armonk, New York, London. 1994. p. 5.

Treacher, Adrian. "Political Evolution in the Post-Soviet Central Asia." Democratization, Vol. 3, No. Autumn. 1996. pp. 306-327.

Turkmenskaya Iskra. 20 November. 1991.

Weitz, Richard "Storm Clouds over Central Asia: Revival of the Islamic Movement of Uzbekistan(IMU)?" Studies in Conflict & Terrorism, No. 27. 2004.

Wilson, A. Bohr, Annette and Allworth, Edward. Nation-building in the Post-Soviet Borderlands, The Politics of National identities. Cambridge: Cambridge University Press. 1998.

Winbush, S. Enders "The Soviet Muslim Borderlands." in ed. Robert Conquest. The Last Empire: Nationality and the Soviet Future, Stanford: Hoover Institution Press. 1986. pp. 218-234.

Wolfel, Richard L. "North to Astana: Nationalistic motives for the movement of the KAZAKH(STANI) capital." Nationalities Papers. Vol. 30, No. 3. 2002. pp. 486-505.

• 러시아어 참고문헌

Абазов, Р., Василивецкий А., Пономарев В. Ислам и политическая борьла в с транах СНГ. Москва, 1992.

Абашин, Сергей . "Исламский фундаментализм в Центральной Аз ии прич ины распространения, прогнозы на будущее." Центра льная Азия и Кавказ, no. 2(20)(2002).

Абдулло, Хаким. "Особенности религиозного мышления Централ ьной Азии н еобходимость комплексной модерзации." Центр альная Азия и Кавказа No. 1(37).

Бабаджанов, Бахтияр, "Ферганская долина: источник или жертва исла мского фундаментализма?" Центральная Азия и Кавказ, no. 4(1999).

Борисов, Л. "Распространение ислама продолжается." Наука и рели гия, 1984, no. 12.

Добаев, И. "Радикальные политические институты исламского мира эт ап ы эскалации насилия." Центральная Азия и Кавказ. no. 6(18)(2001).

Джабборов, Абдуссатор. "Государственное строительство в Таджи кистане," Це нтральная Азия и Кавказ, No. 1(31), 2004.

Жданов Н.В. Игнатенко А.А. Ислам на пороге XIX века(Москва : По лтизд ат, 1989).

Зурав, Тодуа. "Радикальный ислам в Узбекистане. Этапы станов ления и персп ективы развития." Центральная Азия и Кавказ, no. 1(37)(2005), pp. 41-47.

Кудрявцев, А.В. Исламский мир и палестинская проблема(Москва : Наук а, 1990).

Куртов, Аждар. "Государственная власть в странах центральной Азии: QUO VADIS? Центральная Азия и Кавказ. No. 1(31). (2004)

Мамытова, Эльвира "Исламский фундаментализм и экстремизм в странах Це нтральной Азии," Центральная и Азия и Кавказ, No. 5(2005).

Массанов, Нурбулат. Кочевая цивилизация казахов. Алматы и Мо сква: Гориз онт, 1995.

Микульский , Д. "Круглый стол Ислам и общество," Вопросы фи лософии, 1993. No. 12.

Молдалиев, Орозбек. "Исламский экстремизм в Центральной Аз ии." Цен тральная Азия и Кавказ. No. 5(11)(2005).

Мусаев, Баходыр “Религиозный экстремизм - угроза безопасность Узбек истана,” Центральная Азия и Кавказ, No. 5(2000).

Мухаббатов, К. “Религиозно-оппозиционные группы в Таджикистане,” Религио зный экстремизм в Центральной Азии(Душанбе, 2002).

Мухаммад ибн Сулей ман ат-Тамими. Книга единобожия. (Баку, 1996).

Назиров, Давлат “Политический ислам в Центральной Азии : ист оки и э тапы становления.” Центральная Азия и Кавказ, no. 4 (2003), pp. 262-278.

Омуралиев, Н., Элебаева, А. “Баткенские события в Кыргызстане. Хроника со бытий ,” Центральная Азия и Кавказ, No. 1(2000).

Пиотровский М.Б. “Исторические истоки политической теории и практик и со временного ислама.” Ислам в современной поли тике Востока. Москва, 1986.

Полонская, Л. “Мусульманские идей ные течения и концепции.” Наука и рел игия, no. 6(1983).

Поляков, С.П. Традиционализм в среднеазиатском обществе. Моск ва, 1989.

Пономорев, В. Угроза “исламского эсктремизма” в Узбекистане: ми фы и р еа льность, Москва: Информационный центр по права м человека в Централ ьной Азии, 1999.

Раббимов, Камолиддин . “Хизь ут-тахрир - флагман антидемократ и ческо й кампании исламизма, Центральная Азия и Кавказ,” No. 3(33)(2004).

Рономарев, В.А. Ислам Каримов против ‘Хизв ут Тахрир’(Москва, 1999).

Султанов, Турсан. Кочевые племена Приаралья в X-XVII веках. Во просы этнич еской и социальной истории. Москва: Наука, 1982.

Толипов, Фароход Центральная Азия как пространство, полития, н арод и су дьба. Центальная Азия и Кавказ. No. 2(38)

Tolybekov, Sergali. Kazakh Nomadic Society in the 17th-Beginning 20th Centuries: politico-economic Analysis. Алматы : Наука, 1971.

Чугров, С.В. Россия и Запад : Метаморфозы взаимовосприятия(Москва, 1993).

Ханин, в. "Кырыгстан : Этнический плюрализм и политические конфликты," Ц ентральная Азия и Кавказ 2000 No. 3(9)

Хусей н Мухаммед. Аль Иттиджахать аль-ватания филь-адаб аль-мыср и аль-х адис. Ч. 2. (Каир, 1956).

미주(尾註)

1) Michael Doyle, Empires(Ithaca: Cornell University Press, 1999), p. 45.

2) Taras Kuzio, "History, Memory and Nation building in the Post-Soviet colonial space," Nationalities Papers, Vol. 30. No. 2, 2002, p. 241.

3) 베네딕트 앤더슨, "상상의 공동체, 민족주의의 기원과 전파에 대한 성찰,"(윤형숙 역) 『나남』(2002), p. 25.

4) D. Hiro, *Between Marx and Muhammed: The Changing Face of Central Asia*(London: Harper Collins Publishers, 1995) 참고.

5) Roland Robertson, *Globalization: Social Theory and Global Culture*(London: Sage Publications, 1992) 참조.

6) 이경희, "중앙아시아 지정학의 변화와 정체성," 『중동연구』 26-1호(2007), p. 305.

7) Martin Klatt, "Russians in the Near Abroad," RFE/RL Research Report 3, No. 32, Aug. 19, 1994.

8) Ella Akerman, "Central Asia in the Mind of Russia: Some Political Considerations," The Review of International Affairs, Vol. 2, No. 4(Summer 2003), p. 21.

9) 마노 에이지외 지음, 『교양인을 위한 중앙아시아사』, 현승수 번역(서울: 도서출판 책과 함께, 2009), pp. 26-29.

10) 포스트소비에트 20년, 중앙아시아의 미래: 통합 가능성과 균열 연구. 대외경제정책연구원, 전략지역심층연구 11-12, 2011.

11) Adrian Treacher, "Political Evolution in the Post-Soviet Central Asia," *Democratization*, Vol. 3(Autumn 1996), pp. 306-327.

12) 성동기, "중앙아시아 민족주의와 이슬람의 정체성," (신범식), 『21세기 유라시아 도전과 국제관계』(서울: 한울아카데미, 2006), pp. 364-367.

13) John Anderson, "Social, Political, and Institutional Constraints on Religious Pluralism in Central Asia," Journal of Contemporary Religion, Vol. 17, No. 2, 2002, pp. 183-184.

14) Taras Kuzio, "Nationalist Riots in kazakstan," Central Asian Survey, Vol. 7, No. 4. pp. 79-100; Taras Kuzio, "History memory and nation building in the Post-Soviet colonial space," Nationalities Papers, Vol. 30, No. 2, 2002, pp. 257-258.

15) 신범식, "신거대게임으로 본 유라시아 지역질서의 변동과 전망," 『슬라브학보』 23-2호(2008), pp. 165-200. 필자는 이를 첫째, "미국 중심의 패권체제가 유라시아의 지배적 질서로 자리잡는 상황, 둘째, 양극적 또는 양진영 세력균형 체제, 셋째, 다극적 세력균형 체제, 넷째, 다원주의적 안보공동체가 유라시아에서 출범하는 시나리오 등으로 분류하고 있다.

16) 그루지야, 우크라이나, 우즈베키스탄, 아제르바이잔, 몰도바 등 소련 해체 이후 친서방 전략을 채택한 다자협력기구를 말한다.

17) Gleason, G. "Foreign policy and domestic reform in Central Asia," Asian Ethnicity, 2004. 5-1호, p. 49, 김인성 "중앙아시아 권위주의 체제의 특성 분석," 『러시아어문학연구논집』 25집, p. 331에서 재인용.

18) Svante E. Cornell, "The United States and Central Asia: In the Steppes to stay?" Cambridge Review of International Affairs, Volume 17, Number 2, July 2004, p. 239.

19) Robinson, C. "Worldwide reorientation of U.S. military basing in prospect", Center for Defense Information, Military Reform Project, 7 October, <http://cdi.org/friendlyversion/printversion.cfm?documentID=1759>.

20) Socor, V. "Check by Jowl in Kyrgyzstan", Wall Street Journal, 8 August, 〈http:www.cdi.org./russia/johnson/7282-19.cfm〉.

21) 본 글은 nation, nationality, nationalism을 각각 민족, 민족성, 민족주의로 번역한다. 이 3가지 용어의 정확한 개념은 앤더슨이 상상의 공동체에서 밝히고 있듯이 여전히 이론적, 실제적 논쟁거리로 남아있다. B. Anderson, *Imagined Communities : Reflections on the Origin and Spread of Nationalism.* 최석영 번역, 『민족의식의 역사인류학』(서울: 서경문화사, 1995), pp. 7-14.

22) Ханин в. "Кырыгстан : Этнический плюрализм и политические кон фликты," *Центральная Азия и Кавказ*, 2000, No 3(9) pp. 155-156.

23) Yilmaz Bingol, "Nationalism and democracy in Post-Communist Central Asia," *Asian ethnicity*, vol 5. No. 1(February 2004), p. 44.

24) Robert Kaiser, *The Geography of Nationalism in Russia and the USSR*(Princeton, NJ : Princeton University Press, 1994), p. 399.

25) Фароход Толипов, Центральная Азия как пространство, полития, наро д и судьба. Центальная Азия и Кавказ. No. 2(38) p. 124

26) Anthony D. Smith, *National Identity*(Las Vegas and London : University of Nevada Press, 1991), 참조.

27) Annette Bohr, "The Central Asian States as Nationalizing Regimes," in Graham Smith ed. *Nation-Building in the Post-Soviet Borderlands*(Cambridge: Cambridge University Press, 1998), p. 139.

28) Shirin Akiner, "Melting pot, Salad-Bowl or Cauldron? Manipulation and Mobilization of Ethnic, and Religious Identities in Central Asia," *Ethnic and Racial studies*, Vol. 20, No. 2(1997), pp. 362-398.

29) Richard Boudreaux, "5 nations in search of Identity," Los Angeles Times(25 December 1996).

30) Isabelle Kreindler, "Multilingualism in the Successor States of the Soviet Union," *Annual Review of Applied Linguistics*(1997), p. 93.

31) Kazakhstan: Language Law Comes into Force, ITAP-TASS(15 July 1997).

32) William Fierman, "Problems of Language Law Implementation in Uzbekistan," *Nationalities Papers*, Vol. 23, No. 3(1995), p. 589.

33) Hans Kohn, "Soviet Communism and Nationalism: Three Stages of a Historical Development," in ed. Allworth et. al, *Soviet Nationality Problems*(New York: Columbia University Press, 1971), p. 48.

34) 조정남, 『러시아 민족주의 연구』(서울: 고려대학교 출판부, 1996), pp. 50-54 참조.

35) Gregory Gleason, "National sentiment and migration in Soviet Central Asia," *Nationalities*

papers, vol. 15, No. 2(1987), pp. 228-244.

36) S. Enders Winbush, "The Soviet Muslim Borderlands," in ed. Robert Conquest, *The Last Empire: Nationality and the Soviet Future*(Stanford: Hoover Institution Press, 1986), pp. 218-234.

37) Taras Kuzio, "History memory and nation building in the post-soviet colonial space," *Nationalities papers*, Vol. 30, No. 2(2002), p. 257.

38) Richard L. Wolfel, "North to Astana: Nationalistic motives for the movement of the KAZAKH(STANI) capital," *Nationalities Papers*, Vol. 30, No. 3(2002), pp. 486-505.

39) Абдулло Хаким, "Особенности религиозного мышления Центральной Азии необходимость комплексной модерзации," Центральная Азия и Кавказа No 1(37) с. 30.

40) Shirin Akiner, "The Politicization of Islam in Post soviet Central Asia," *Religion, state & Society*, Vol. 31, No. 2(2003), pp. 97-98.

41) 정수일, 『이슬람 문명』 (서울: 창비, 2002), p. 317.

42) A. Wilson, Annette Bohr and Edward Allworth, *Nation-building in the Post-Soviet Borderlands, The Politics of National identities*(Cambridge: Cambridge University Press, 1998), pp. 139-166.

43) Richard L. Wolfel, "North to Astana: Nationalistic Motives for the movement of the Kazakh(Stani)capital," *Nationalities Papers*, Vol. 30, No. 3(2002) 참조.

44) Pal Kolsto, "Anticipating Demographic Superiority: Kazakh Thinking on Integration and Nation Building," *Europe-Asia Studies*, Vol. 50, No. 1(1998), pp. 51-69; Ian Bremmer, "Nazarbaev and the North: State Building and Ethnic Relations in Kazakhstan," *Ethnic and Racial Studies*, Vol. 17, No. 4(1994), pp. 619-635; Bhavina Dave, "National Revival in Kazakhstan: Language Shift and Identity Change", *Post-Soviet Affairs*, Vol. 12, No. 1(1996), pp. 51-72.

45) Taras Kuzio, "Nationalist Riots in Kazakhstan," *Central Asian Survey*, Vol. 7, No. 4(1988), pp. 79-100.

46) Adam Michnik, "Speaking with the Kazakh President," *Transitions*, Vol. 4, No. 1(1997), p. 29.

47) Anna Matveeva, "Democratization, Legitimacy and Political Change in Central Asia," *International affairs*, Vol. 75, No. 1(1999), pp. 29-30.

48) *Kazakstan, Kyrgyzstan, Tajikistan, Turkmenistan and Uzbekistan country studies*, in ed. Glenn E. Curtis(Library of Congress Cataloging-in-Publication Data, 1994), p. 409.

49) Karen Dawisha and Bruce Parrot, *Russia and the New states of Eurasia*(Cambridge: Cambridge University Press, 1994), p. 149.

50) Odil Ruzaliev, "Islam in Uzbekistan: Implications of 9/11 and Policy Recommendations for the United States," *Journal of Muslim Minority Affairs*, Vol. 25, No. 1(April 2005) 참조.

51) Д. Микульский "Круглый стол Ислам и общество", *Вопросы философии*, 1993. No. 12. p. 12.

52) Shahran Akbarzadh, "National identity and politival legitimacy in Turkmenistan," *Nationalities papers*, Vol. 27, No. 2(1999), p. 273.

53) *Turkmenskaya Iskra*(20 November 1991), p. 2.

54) 타지키스탄 민족주의에 관해서는 정세진, "타지키스탄 민족 정체성 연구 - 민족주의와 지역주의를 중심으로," 『한국이슬람학회논총』 18-1, 2008, pp. 249-275를 주로 참조.

55) 이문영, "현대 중앙아시아의 이슬람 정치세력화: 타지키스탄 내전과 러시아-우즈베키스탄 관계," 『러시아연구』 제14권, 제1호, p. 243.

56) Payam Foroughi, "Tajikistan: Nationalism, Ethnicity, Conflict, and Social-economic Disparities-Source and Solutions," *Journal of Muslim Minority Affairs*, Vol. 22, No. 1(2002), p. 42.

57) Абдуссатор Джабборов, "Государственное строительство в Таджикистане," *Центральная Азия и Кавказ*, No. 1(31), 2004. p. 56.

58) Paul A. Goble, "The Rise of Ethnic Politics," *Nationalities Papers*, Vol. 17, No. 1(1989), pp. 56-61.

59) William O. Beeman, "The Struggle for Identity in Post-Soviet Tajikistan," *Middle east Review of International Affairs*, Vol. 3, No. 4(1999).

60) Shari Adjari, "Interview with the Chairman of the Democratic Party of Tajikistan, Dr. Shodmon Yusuf, and his Vice-chairman, Professor Rahim Musalmanian Ghobadiani," *Central Asia Monitor*, No. 3(1994), pp. 10-14.

61) Andrew Phillips and Paul James, "National Identity between Tradition and Reflexive Modernization:: The Contradictions of Central Asia," *National identities*, Vol. 3, No. 1(2001), p. 26.

62) David Laitin, *Hegemony and Culture: Politic and Religious Change among the Yoruba*(Ithaca: Cornell University Press, 1986), ch. 1.

63) Andrew Philips and Paul James, "National Identity between Tradition and Reflexive Modernisation: The Contradictions of Central Asia," *Nationalities Papers*, Vol. 3. No. 1, 2001, p. 26.

64) A. Rashid, *The Resurgence of Central Asia: Islam or Nationalism?*(London: Oxford University Press, 1994), pp. 15-16.

65) 르네 그루쎄, 『유라시아 유목제국사』 (서울: 사계절, 2005), pp. 466-492.

66) V.V. Bartol'd, *Turkestan down to the Mongol Invasion*, trans., T. Minorsky(London, 1968), p. 393.

67) Beartice F. Manz, "Multi-ethnic Empires and the formulation of identity," *Ethnic and Racial Studies* Vol. 26. No. 1, January 2003, p. 85.

68) 김상철, "중앙아시아 주요 토착민족 공동체의 상이성 연구: 우즈베크 및 카자흐의 국가형성과정과 대 제정러시아 관계를 중심으로," 『중소연구』 제32권 2호(2008년 여름), p. 191.

69) 최한우, 『중앙아시아연구(상)』 (서울: 펴내기, 2003), pp. 171-172.

70) 울루스 차가타이의 역사는 티무르의 초기 부족적 연맹의 구조와 연합을 이해하

는 좋은 기회를 제공해 준다. Beartice F. Manz, *The Rise and Rule of Tamerlane* (Cambridge: Cambridge University Press, 1989), p. 21.

71) Beartice F. Manz, "The development and meaning of Chaghatay identity," in Jo-Ann Gross(ed.), *Muslims in Central Asia: Expressions of Identity and Change*(Durham NC: Duke University Press, 1992), p. 37.

72) R. McChesney, *Waqf in Central Asia, Princeton*(NJ: Princeton University Press, 1991), pp. 49-50.

73) 김상철, "중앙아시아의 소수민족관계 연구: 카자흐스탄 사례를 중심으로 – 카자흐스탄의 다민족 문화공동체 형성에 대한 역사적 접근 –," 『한국중동학회논총』 제28권 1호(2007), pp. 349-352.

74) Rene Grousset, *The Empire of the Steppe: a History of Central Asia*, trans., Naomi Walford, (New Brunswick, 1970), pp. 479-480.

75) Saulesh Esenova, "Soviet Nationality, Identity, and Ethnicity in Central Asia: Historic Narratives and Kazakh Ethnic Identity," *Journal of Muslim Minority Affairs*, Vol. 22. No, 1, 2002, p. 14.

76) Beartice F. Manz, "Multi-ethnic Empires and the formulation of identity," *Ethnic and Racial Studies* Vol. 26. No. 1, January 2003, p. 89.

77) M. Haghayeghi, *Islam and Politics in Central Asia*(New York: St Martin's Press, 1995), p. 77.

78) M. Haghayeghi, "Islamic Revival in the Central Asian Republics," *Central Asian Survey*, Vol. 13. No. 4, 1994, p. 251.

79) S. Esenova, "Soviet Nationality, Identity, and Ethnicity in Central Asia," p. 15.

80) Domic Lieven, "The Russian Empire and the Sovit Union as Imperial Polities," *Journal of Contemporary History*, Vol. 30, No. 4(Oct., 1995), p. 619.

81) Paul Henze, "Fire and Sword in the Caucasus: The 19th-Century resistance of the North Caucasian Mountaineers," *Central Asian Survey*, Vol. 2, No. 1(July, 1983); M. Gammer, *Muslim resistance to the Tsar*(London, 1994) 참조.

82) Roman Szporluk, "Statehood and Nation Building in Post-Soviet Space," in Roman Szporluk(ed.) *National Identity and Ethnicity in Russia and the New States of Eurasia*(M.E. Sharpe : Armonk, New York, London, 1994), p. 5.

83) Hans Kohn, "Soviet Communism and Nationalism: Three Stages of a Historical Development," in ed. Allworth et. al, *Soviet Nationality Problems*(New York: Columbia University Press, 1971), p. 48.

84) Hilda Eitzen, "Refiguring ethnicity through Kazak Genealogies," *Nationalities Papers*, Vol. 26. No. 3, 1998, p. 448.

85) 베네딕트 앤더슨, 『상상의 공동체, 민족주의의 기원과 전파에 관한 성찰』, 윤형숙 옮김(서울: 나남, 2002) 참조.

86) Shirin Akiner, The *Formation of Kazak Identity: From Tribe to Nation-State*(London: Royal Institute of International Affairs, 1995) 참고.

87) Sergali Tolybekov, *Kazakh Nomadic Society in the 17th-Beginning 20th Centuries: politico-*

economic Analysis(Алматы : Наука, 1971); Нурбулат Массанов, *Кочевая циви лизация казахов(Алматы и Москва: Горизонт,* 1995).

88) Gulnar Kendirbaeva, "We are Children pf Alash...", The Kazakh Inteligentsia at the Beginning of the Twentieth Century in search of National Identity and Prospects of the Cultural Survival of the Kazakh People," *Central Asian Survey,* Vol. 18, No. 1, 1999, pp. 5-36 참조.

89) 최한우, 『중앙아시아 연구(하)』 (서울: 펴내기, 2004), p. 41.

90) 카자흐 사회의 계급에 대해서는 Турсан Султанов, "Кочевые племена Приаралья в X-XVIIвеках." *Вопросы этнической и социальной истории* (Москва: Наука, 1982) 참고.

91) Olivier Roy, *The New Central Asia: The Creation of Nations*(New York: New York University Press, 2000), pp. 151-153.

92) 최한우, 『중앙아시아 연구(상)』 (펴내기, 2003), p. 117.

93) 정세진, "제정러시아의 이슬람정책과 러시아 이슬람의 반제국주의적 정체성: 역사적 기원과 형성과정을 중심으로," 『슬라브학보』 21-3(2006), pp. 273-280.

94) Alexander Bennigsen and Marie Broxup, *The Islamic Threat to the Soviet State* (London and Canberra: Croom Helm, 1983), pp. 12-13.

95) 이문영, "중앙아시아 종교상황과 종교정책 – 러시아 지배 유산의 극복과 이슬람의 발전," 『국제지역연구』 7-1(2003), pp. 148-150; 최한우, 『중앙아시아학 입문』(펴내기, 1997), pp. 155-160.

96) 우덕찬, "중앙아시아의 종교정책", 『중동연구』 19-1(2000), p. 296.

97) 신양섭, "민중이슬람과 수피종단", 『중동연구』 18-1(1999), pp. 379-407

98) Ahmed Rashid, *Jihad: The Rise of Militant Islam in Central Asia*(New Haven: Yale University Press, 2002), p. 26.

99) Yaacov Roi, "The Securalization of Islam and the USSR's Muslim Areas," *Muslim Eurasia: Conflicting Legacies*(London: Frank Cass, 1995), pp. 10-13.

100) Edward Allworth, *Central Asia - 120 years of Russian Rule*(1989), pp. 163-165

101) Odil Ruzaliev, "Islam in Uzbekistan: Implications of 9/11 and Policy Recommendations for the United States," *Journal of Muslim Minority Affairs* 25-1(April 2005), p. 14.

102) 보흐단 나하일로. 빅토르 스보보다 공저, 『러시아 민족문제의 역사』 (정옥경 번역, 신아사, 2002), p. 60.

103) Michael Rywkin, *Moscow's Muslim Challenge: Soviet Central Asia*(New York: M.E. Sharpe, 1990), pp. 33-43.

104) Abdoullaev K. 1994, "Central Asian Emigres in Afghanistan : First Wave 1920-1930," Central Asia Monitor, Vol. 5, pp. 16-27.

105) Marie Broxup, "Islam," *Candle in the Wind: Religion in the Soviet Union,* ed. Eugene B. Shirley and Michael Rowe(Washington, D.C.: Ethics and Public Policy Center, 1989), pp. 193-194.

106) 제프리 호스킹, 『소련사』 (김영석 역, 홍성사, 1990), pp. 239-240.

107) Roy Richard, "How Muslims View Democracy: Evidence from Central Asia," *Journal*

of Democracy 13-4, 2002. pp. 102-111.

108) 문명식, "구소련지역과 러시아에서 이슬람과 민족문제", 『슬라브 연구』 14(1998), p. 302.

109) Абазов Р., Василивецкий А., Пономарев В. *Ислам и политическая борьба в странах СНГ*(Москва, 1992), p. 10.

110) Зурав Тодуа, "Радикальный ислам в Узбекистане. Этапы становления и перспективы развития," *Центральная Азия и Кавказ,* no 1(37) (2005), p. 47.

111) Bernard Lewis, *The Emergence of Modern Turkey*(London: Oxford University Press, 1961), p. 432.

112) Пиотровский М.Б. *Исторические истоки политической теории и практики современного ислама. Ислам в современной политике Востока.* (Москва, 1986), pp. 17-34.

113) Давлат Назиров, "Политический ислам в Центральной Азии : истоки и этапы становления," *Центральная Азия и Кавказ,* no. 4(2003), p. 264.

114) 박창규, "국가 형성과 이슬람의 역할과 의미 – 중앙아시아의 역사적 측면을 중심으로 –," 『한국슬라브학회 2007년 제1차 정기논문발표회집 사회과학분과』, pp. 12-13 참조.

115) Shirin Akiner, "The Politicisation of Islam in Postsoviet Central Asia," Religion, State & Society. Vol. 31. no. 2, 2003, pp. 98-103.

116) Поляков С.П. *Традиционализм в среднеазиатском обществе.* (Москва, 1989); S. Polyakov, *Everyday Islam: Religion and Tradition in Soviet Central Asia*(New York and London: M.E. Sharpe, 1992) 참조. 그의 전통주의적 입장은 광범위한 지지를 얻지는 못하였다.

117) Shirin Akiner, "Islam, the state and ethnicity in Central Asia in historical perspective," Religion State and Society, 24, 2/3(June-September), 1996, pp. 91-132.

118) 우덕찬, "우즈베키스탄 이슬람원리주의 운동," 『중앙아시아 연구』 6(2001), pp. 278-279.

119) Сергей Абашин, "Исламский фундаментализм в Центральной Азии причины распространения, прогнозы на будущее," *Центральная Азия и Кавказ,* no. 2(20) (2002), p. 109.

120) 손주영, "이집트 이슬람 원리주의 운동," 『중동연구』 16-2(1997), pp. 5-6.

121) Odil Ruzaliev, op. cit., p. 23.

122) 신범식, "푸틴시기 러시아의 근외정책과 중앙아시아," 『현대 러시아 국가체제와 세계전략』(한울아카데미, 2005), p. 572.

123) 강봉구, "우즈베키스탄 대외정책의 노선 전환: 미국과 러시아 사이에서", 『슬라브학보』 22-1(2007), p. 71.

124) Из заявления ИДУ. "Радио Мешхеда", 19 марта 1999 г.

125) 손주영, "이슬람 부흥주의와 이슬람의 이데올로기화", 『한국이슬람학회논총』, 11집(2001), p. 3.

126) Орозбек Молдалиев, “Исламский экстремизм в Центральной Азии”, *Центральная Азия и Кавказ.* No. 5(2005), p. 66.

127) 황병하, “사우디 이슬람 원리주의 운동의 시대별 변천 과정과 이념적 특성 – 70년대와 90년대를 중심으로 –,” 『한국중동학회논총』, 23권 1호(2002), pp. 52-55.

128) 황병하, “이슬람 원리주의 운동의 이념적 단일성과 정치적 다양성에 관한 연구 – 협력과 대립관계를 중심으로 –,” 『한국중동학회논총』, 26권 2호(2006), p. 262.

129) Mehrdad Haghayeghi, “Islamic Revival in the Central Asian Republics”, *Central Asian Survey,* Vol. 13, No. 2(1994), p. 93.

130) 포노마레프 교수는 중앙아시아에서 엄밀하게 학술적 용어로 ‘와화비즘’이라는 용어는 존재하지 않는다고 말한다. 왜냐하면, 이 용어는 아라비아 반도에서 출현한 용어이기 때문이다. В. Пономорев, “Угроза “исламского эсктремизм а” в Узбекистане: мифы и реальность”, *Информационный центр по п равам человека в Центральной Азии*(Москва, 1999), p. 1.

131) Эльвира Мамытова, “Исламский фундаментализм и экстремизм в стр анах Центральной Азии,” *Центральная и Азия и Кавказ,* No. 5(2005), p. 63.

132) Хусей н Мухаммед. Аль Иттиджахать аль-ватания филь-адаб аль-мы сри аль-хадис. Ч. 2.(Каир, 1956), p. 300.

133) 정규영, “이집트 이슬람주의자들의 조직과 활동,” 『국제지역연구』 9권 1호(2005), p. 75.

134) Мухаммад ибн Сулей ман ат-Тамими. Книга единобожия.(Баку, 1996), p. 43.

135) Жданов Н.В. Игнатенко А.А. Ислам на пороге XIX века(Москва, 1989), p. 48.

136) Кудрявцев А.В. Исламский мир и палестинская проблема(Москва, 1990), pp. 30-31.

137) Орозбек Молдалиев, 2005, “Исламский экстремизм в Центральной А зии,” Центральная Азия и Кавказ, No 5(11), p. 59.

138) Добаев И. 2001, “Радикальные политические институты исламского мира этапы эскалации насилия,” Центральная Азия и Кавказ, no. 6(18), pp. 20-23.

139) Martha Brill Olcott, “Islam and Fundamentalism in independent Central Asia”, *Muslim Eurasia: Conflicting Legacies*(London: Frank Cass, 1995), pp. 21-40.

140) 이문영, “현대 중앙아시아의 이슬람 정치세력화: 타지키스탄 내전과 러시아–우즈베키스탄 관계」,” 『러시아연구』 14-1(2004), p. 253.

141) 정수일, 『이슬람문명』 (창비, 2002), p. 307.

142) 김정위, “근대의 범이슬람 사회정치 운동,” 『중동연구』 18-1(1999), pp. 345- 346.

143) Давлат назиров, “Политический ислам в Центральной Азии. Истоки и этапы становления,” *Центральная Азия и Кавказ.* no. 4(2003), p. 267.

144) Полонская Л. “Мусульманские идей ные течения и концепции”, *Наука и религия,* 1983, 6. p. 57.

145) Борисов Л. Распространение ислама продолжается, *Наука и религия,* 1984. no. 12. p.56.

146) Paul A. Goble, "The Rise of Ethnic Politics", *Nationalities Papers,* Vol. 17, No. 1 (1989), pp. 56-61.

147) Talib Saidbaev, "Inter-ethnic Conflicts in Central Asia: Social and Religious Perspectives", in Kumar Rupesinghe et al(eds.), *Ethnicity and Conflict in a Post-Communist World*(New York: St. Martin's Press, 1992), pp. 151-170.

148) John Anderson, "Social, Political, and Institutional Constraints on Religious Pluralism in Central Asia", *Journal of Contemporary Religion,* Vol. 17, No. 2(2002), p. 182.

149) Сергей Абашин. "Исламский фундаментализм в Центральной Азии прич ины распространения, прогнозы на будущее." Центральная Ази я и Кавказ, no. 2(20)(2002). p. 118.

150) Abdullaev K. and Barnes C.(eds) Politics of Compromise: The Tajikistan Peace Process, Accord Series 10(London: Conciliation Resources, 2001) 참고.

151) G. Gleason, "Counterinsurgency in Central Asia: Civil Society is the First Casualty," *EurasiaNet Eurasia Insight,* 8th January, 2001.

152) Cohen Ariel, "Hizb ut-Tahrir : An Emerging Threat to U. S. Interests in Central Asia," The Heritage Foundation Backgrounder. *No. 1656(2003).*

153) Камолиддин Раббимов, 2004 "Хизь ут-тахрир - флагман антидемократ ической кампании исламизма, Центральная Азия и Кавказ," No. 3(33), pp. 16-23.

154) Баходыр Мусаев, 2000, "Религиозный эсктремизм - угроза безопасност и Узбекистана," Центральная Азия и Кавказ, no. 5(11), p. 112.

155) Shirin Akiner, "The Politicisation of Islam in Post soviet Central Asia," *Religious State & Society,* Vol. 31, No. 2(2003), p. 101.

156) Сергей Абашин, "Исламский фундаментализм в Центральной Азии. п ричины распространения, прогнозы на будущее," *Центральная Азия и Кавказ,* No. 2(2002), p. 118.

157) Бабаджанов Бахтияр, "Ферганская долина: источник или жертва исла мского фундаментализма?" Центральная Азия и Кавказ, no. 4(5)(1999), p. 131.

158) Давлат назиров, "Политический ислам в Центральной Азии. Истоки и этапы становления," *Центральная Азия и Кавказ,* No. 4(2003), p. 275.

159) IMU에 대해서는 Odil Ruzaliev, "Islam in Uzbekistan: Implications of 9/11 and Policy Recommendations for the United States," *Journal of Muslim Minority Affairs,* Vol. 25, No. 1(April 2005); Shirin Akiner, "The Politicisation of Islam in Post soviet Central Asia," *Religious State & Society,* Vol. 31. No. 2(2003); Давлат назиров, "П олитический ислам в Центральной Азии. Истоки и этапы становлени я," *Центральная Азия и Кавказ,* No. 4(2003) 참조.

160) Richard Weitz, "Storm Clouds over Central Asia: Revival of the Islamic Movement of Uzbekistan(IMU)?" *Studies in Conflict & Terrorism,* No. 27(2004), p. 506.

161) S. E. Cornell & R. A. Spector, "Central Asia: More than Islamic Extremists," *The Washington Quarterly, Winter,* 2002, pp. 193-199; 이문영, "현대중앙아시아 이슬람 정치 세력화 : 타지키스탄 내전과 러시아-우즈베키스탄 관계", 『러시아연구』 14권 1호(서울대학교 러시아연구소, 2004), pp. 258-259에서 재인용.

162) Ahmed Rashid, *Jihad: The Rise of Militant Islam in Central Asia*(New Haven: Yale University Press, 2002), p. 165.

163) Erlan Satybekov, "The Secret Legion," Vechemiy Bishkek, Internet text in Russia, February, 12 2003; BBC Monitoring International Reporters, February, 15 2003.

164) Из выступления руководителя ИДУ Т. Юлдашева, Узбекская служба радиокорпорации "Би-би- си от 9 июля 1999 г.

165) Н. Омуралиев, А.Элебаева, "Баткенские события в Кыргызстане. Хроника событий ," *Центральная Азия и Кавказ,* No. 1(2000), p. 40.

166) 또 다른 주장으로는 1950년대 시리아에서 처음 HT의 조직이 이루어진 것으로 전해진다. Зурав Тодуа, "Радикальный ислам в Узбекистане. Этапы становления и перспективы развития," *Центральная Азия и Кавказ,* No 1.(2005), pp. 43-44.

167) К. Мухаббатов, "Религиозно-оппозиционные группы в Таджикистане," *Религиозный экстремизм в Центральной Азии*(Душанбе, 2002), pp. 83-84.

168) Hizb ut-Tahrir 공식 사이트, http://www. hizb-ut-tahrir.org 참조.

169) 이는 이슬람의 가르침을 전하는 일로, 선교의 의미이다.

170) B.A. Рономарев, *Ислам Каримов против 'Хизв ут Тахрир*'(Москва, 1999), p. 5.

171) Баходыр Мусаев, "Религиозный экстремизм - угроза безопасность Узбекистана," *Центральная Азия и Кавказ,* No. 5(2000), p. 116.

172) Shirin Akiner(2003), op. cit., pp. 104-106.

173) 우덕찬, "중앙아시아 국가들의 對 이슬람 정책에 관한 연구", 『중앙아시아연구』 5호(중앙아시아학회, 2000), pp. 160-165.

174) IRP에 관한 내용은 Mehrdad Haghayeghi, *Islam & Politics in Central Asia*(New York: St. Martin's Press, 1996), pp. 86-92 참조.

175) 최한우, "소련 해체이후 중앙아시아 이슬람 근본주의 운동의 현상과 과제", 『중앙아시아 연구』 5호(중앙아시아학회, 2000), pp. 189-190.

176) 우덕찬, "우즈베키스탄 이슬람 원리주의 운동," 『중앙아시아 연구』 6호(중앙아시아학회, 2001), pp. 111-113.

177) BBC Monitoring report of Uzbek Radio second program, 1 May 1998. http: www.hrw.org/presskarimovprof.htm.

178) Чугров С.В. *Россия и Запад : Метаморфозы взаимовосприятия*(Москва, 1993), p. 7.

179) Tom Malinowski and Acacia Shields, "Uzbekistan' Empty Promises," The Washington Times, March, 12, 2002.

찾아보기